中山大学法律评论

Sun Yat-sen University Law Review

中山大学法学院 主办

谢进杰 主编

中国政法大学出版社

2019・北京

图书在版编目（CIP）数据

中山大学法律评论. 第17卷. 第1辑/谢进杰主编. —北京：中国政法大学出版社，2019. 8
ISBN 978-7-5620-9148-6

Ⅰ. ①中…　Ⅱ. ①谢…　Ⅲ. ①法学－文集　Ⅳ. ①D90-53

中国版本图书馆CIP数据核字(2019)第176695号

出版者　中国政法大学出版社

地　址　北京市海淀区西土城路 25 号

邮寄地址　北京 100088 信箱 8034 分箱　邮编 100088

网　址　http://www.cuplpress.com (网络实名：中国政法大学出版社)

电　话　010-58908437(编辑室) 58908334(邮购部)

承　印　北京鑫海金澳胶印有限公司

开　本　170mm×240mm　1/16

印　张　13

字　数　200 千字

版　次　2019 年 8 月第 1 版

印　次　2019 年 8 月第 1 次印刷

定　价　50.00 元

中山大学法律评论
Sun Yat-sen University Law Review
第17卷·第1辑　Vol. 17, No. 1 (2019)

邮　箱：sysulawreview@126.com；lawrev@mail.sysu.edu.cn
网　址：http://law.sysu.edu.cn/research/research8/1
地　址：中国广州市新港西路135号　邮　编：510275
微　信：SUSYLawReview　微　博：新浪“中山大学法律评论”
博　客：http://sysulr.fyfz.cn

主　办　中山大学法学院
襄　助　中山大学法学院方圆学术基金
组　编　中山大学法学理论与法律实践研究中心
中山大学司法体制改革研究中心
中山大学法学实验教学中心

目　录

Table of Contents

Articles

Comments

Academic Debate

Reading of Classic Works

主题研讨——司法人员分类管理改革下的“未入额”问题

Symposium：The Issue of the “Uncertified Judges” Under the background of judicial personnel classification management reform

从“台前”到“幕后”：员额制改革语境下未入额法官的权力配置及保障

李昇毅　闵琦媛〔1〕

提　要：为深化人民法院各项改革，最高人民法院制定《关于全面深化人民法院改革的意见》并将之作为《人民法院第四个五年改革纲要（2014—2018）》贯彻实施，而推进法官员额制改革，是本轮司法体制改革的重点任务。随着改革的深入，势必要“淘汰”部分曾在一线办案的法官，从审判台退居至幕后。但因种种主客观原因，有部分未入额人员仍继续“以法官身份办案”，本文探讨了其合理性和必要性，并认为未入额法官的权力应给予必要限制，关在制度的“樊笼”中。同时，关于未入额法官的功能定位、工作内容、发展前景、职业保障等重要问题亦亟须在司法实践中明确，为此需要尝试构建合理的制度，以期解决改革进程中出现的新问题，保障司法改革事业有条不紊地推进。

关键词：员额制；未入额法官；权力配置；职业保障

“要想改进，第一步就是要看看眼前的事实。”

——霍姆斯

引言

《人民法院第四个五年改革纲要（2014—2018）》明确将建立法官员

---

〔1〕 作者李昇毅，广东省广州市越秀区法院民一庭审判员，Email：lishengyi006@163. com；作者闵琦媛，广东省广州市越秀区法院刑庭审判员，Email：18024664096@163. com。

额制度作为全面深化人民法院改革的主要任务之一，全国各地法院先后启动和推进法官员额制改革，北京、上海、广东等地在改革实践中亦取得初步成效。[1]但是，目前各地推进改革进程，普遍存在改革设定的员额配置比例较低、法院原先拥有法官身份的人员比重较大的矛盾，需择优遴选入额，因而就不可避免地要“刷下”部分一线办案法官。该部分未入额人员何去何从?

一、管窥：北上广未入员额法官现状扫描

目前各地员额制有序推行，以北京、上海、广州三地员额制改革为例，概貌简要总结如下：

北京市确定建议人选是2 019名，占北京法院系统中央政法专项编制的27%。领导干部、审判员、助理审判员入额比例大体上在4:3:3。全市法官将近4 300人，还有2 200名法官不能入额。对于没有入额的法官，法院在保留现有法官职务的待遇不变的基础上，结合实际，采取多种方式进行转岗交流和安置。[2]

上海市设定法官33%、审判辅助人员52%、司法行政人员15%的比例。其中，审判辅助人员按照法官助理16%、书记员26%和司法警察10%的比例设定。法官比例从原有的49%下降到33%，全市有729名法官入不了员额。上海法院设计5年过渡期，过渡期内，具有法官身份人员未入额的，身份、等级予以保留，可协助员额内的法官办案。[3]

广东省中央政法专项编制共20 501名，按照中央规定的39%的法官员额红线测算，全省法官员额为7 995名，其中将预留10.42%作为动态管理，实际分配到广东省高级人民法院、21个市法院和各类专门法院的

---

〔1〕 目前处于试点改革逐步向全国范围推进的阶段。改革中，各地在科学配置法官员额比例的基础上，通过员额考试、业绩考核等，择优遴选入额。

〔2〕 以上数据摘自“北京市高法副院长谈‘入额’：没有出现领导与法官抢员额的情况”，载http://legal.people.com.cn/n1/2016/0531/c42510-28395469.html，访问时间：2016年7月17日。

〔3〕 郝洪：“上海：法官员额制激荡一江春水”，载《人民日报》2015年5月20日第17版。

法官员额为 7 162 名。广东省将有 3 000 多名法官面临转岗，以广州市中级人民法院为例，转岗人员占原有法官数额的近 1/3。各法院核定的法官员额数均只按照 90%下达，过渡期内至少预留员额总数 10%的比例，为暂时未能进入员额的优秀人才预留空间。[1]

可见，各地员额制实行时间表不一，亦存在因地制宜特性，但共性在于：员额改革之后，法院将不同程度面对未入额人员如何妥善分流问题，各地为此配套制度予以合理疏导，并均设置了一定的过渡期。

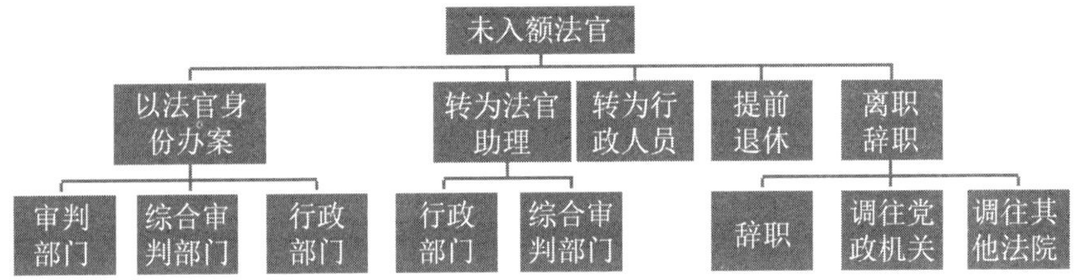

图 1　员额制改革后未入额法官去向[2]

如图 1 所示，未入额人员分流时，部分人员会以法官身份留在审判岗位继续办案，变相保留“法官”资格。目前，未入额人员办案功能被定位为“以法官身份办案”，或者笼统概括为“协助办案”，但对何为“以法官身份办案”“协助办案”并未予清晰厘定，对于其具体工作内容和职责方面并未出台具体文件加以规范，过于模糊化。而考察已推行员额改革的各地法院，未入额人员“以法官身份办案”，既有维持现状，亦有适当“收权”，也存在权力“没收”等情形，梳理并分门别类见下表：

表 1　未入额人员“以法官身份办案”情况表

分类	具体情形
维持现状	保留在原审判岗位，继续办理案件，和员额改革前无异

〔1〕 贺林平、郝迎灿、杨晓梅：“人少案不少，怎么破”，载《人民日报》2016 年 3 月 21 日第 4 版。

〔2〕 以笔者所在法院为例，审判部门包括刑庭、行政庭、民一庭、民二庭、民三庭、民四庭、金融庭；综合审判部门包括立案庭、执行局、审管办、审监庭、调研科；行政部门包括政工办、办公室、监察室、司法行政管理科、综合保障中心。

续表

分类	具体情形
适当“收权”	作为合议庭成员审理案件，但不能担任普通程序主审人与审判长
	部分裁判文书需由员额法官签发
	纳入以员额法官为核心的审判团队
	审理简单案件，不审理复杂疑难案件
	讨论案件，未入额法官先提意见，员额法官再发表意见
权力“没收”	做导诉咨询员、顾问，引导当事人参加诉讼
	办理信访案件，引导当事人通过法律途径反映诉求
	退位为法官助理

二、窘境：“以法官身份办案”的进退两难

未入额法官以法官身份办案，该论断隐藏前提是实行员额制改革后，未入额法官并非真正意义上的“法官”，试图将其剔除出制度大门，但又意图赋予其办案权力之正当性，即冠以“法官”身份去办案。实际上，员额法官和未入额法官权力界限模糊化，容易造成身份混合和功能趋同，既与员额改革的初衷背道而驰，亦导致未入额法官身处难“进”难“退”的尴尬境地。

（一）“进”与改革之背离

在我国，“法官是依法行使国家审判权的审判人员，包括最高人民法院、地方各级人民法院和军事法院等专门人民法院的院长、副院长、审判委员会委员、庭长、副庭长、审判员和助理审判员。”[1]即法院中具备

〔1〕 引自《中华人民共和国法官法》第2条。

审判职称的人全部为法官，从该层面理解，未入额法官亦属于《中华人民共和国法官法》（以下简称《法官法》）规定的“法官”范畴。

然而，本次法官员额改革，是新一轮深化司法体制改革的重点任务，基本要求是：“坚持以法官为中心、以服务审判中心为重心，稳妥有序推进改革，推动建立分类科学、结构合理、分工明确的法院人员管理制度，为加强法院人员职业化建设打下良好基础。”[1]而员额制的目的就是把目前我国广义的法官进行分流，只保留最核心的审判法官，并使其成为入额法官。未入额法官将逐步分流至其他非办案岗位、行政机关，或者退任为法官助理。由此可见，未入额人员以法官身份办案，只是员额改革特定时期的产物，实现平稳过渡后，未入额法官将退出历史舞台。而即便现在处于改革过渡期，未入额法官一定时期内仍可能继续办案，但其地位和权力不应等同于员额法官，否则入员额与否将流于形式。

更何况，本次法官员额改革，赋予入额法官权力和职务保障的同时，亦加重办案责任等职责。未入额法官并不直接适用员额制相配套的责任追究机制，如果赋予未入额法官过大权力，则容易出现权责失衡，对于员额法官而言，亦不公平。

（二）“退”与现状之冲突

难“进”则思“退”，倘若一刀切，未入额法官全部“打入冷宫”“解甲归田”，收缴其全部权力，剥夺其办案资格，在当前司法现状之下，此举也存在大量弊端。首先，员额制使得一线承办案件的法官数量大幅减少，然而，现在案件数量却呈现持续“爆炸式”增长[2]的态势，这种静态要求与动态挑战之间存在着不容忽视的矛盾，采取权力“没收”的手段，则将让员额法官承受难以负荷的办案任务和工作压力。其次，个案审理由于程序性不可避免地需要一定时间跨度才能审结，而未入额法

---

〔1〕 最高人民法院改革领导小组办公室编写：《〈最高人民法院关于全面深化人民法院改革的意见〉读本》，人民法院出版社2015年版，第260页。

〔2〕 自2011年起，广东省各级法院连续5年收案超百万件，2002年至2014年12年间全省法官数量增长仅为12.9%，而同期案件数增长了65.6%。立案登记制实施后，人案矛盾更加突出。2015年5月到12月，全省各级法院收案57.87万件，同比增长22.4%。引自林洁：“没有什么比坚守理想更重要”，载《中国青年报》2016年1月22日第6版。

官手头不同程度积压大量未结案件，若剥夺不入额法官之办案权限，将该部分积压存案转由员额法官继续审理，则既容易出现程序上的脱节，又极易造成司法资源的重复劳作，可能形成改革的阻力。最后，因种种原因未能入额法官，多数在之前的办案生涯已积累丰富的审判经验，具备一定的承办案件能力，在当前“案多人少”的司法环境下，适度赋予其办案权力，调动其积极性，并无害，反而有利。

综上所述，若是赋予未入额法官与员额法官同等的办案资格和权力，难免“激进”；若是机械剥离办案岗位，或是让其退任法官助理，则过于“保守”。为此，很有必要探讨何以达成平衡，如何构建制度去设置权力临界点，从而于“进”与“退”之间游刃有余。

三、寻策：域外机制的考究与本土资源的秉承

（一）域外法院人员配置的考究

通过现有文献整理，在不深究制度、地区、层级、年份等变量差异的前提下，我们发现，多数国家法官办案任务繁重甚至年人均结案数破千件，普遍存在“案多人少”的困境，数据见下表：

表2　各国法官配置以及结案情况

国家	法官配置及结案情况
美国	2000年，美国纽约州法院共有1 199名法官，全年共结案3 535 079件，人均结案约2 948件[1]
日本	日本各级裁判所有法官2 900人，年平均审结440万件至556万件，人均结案1 517件至1 917件[2]
英国	英国高等法院的大法官法庭，由副司法大臣和3名法官组成，全年审判4.2万件案件，每年人均审案3 000件[3]
德国	德国慕尼黑初级法院有民事和刑事法官117名，一年审理8.38万件案件，平均每个法官审理716件案件[4]

---

〔1〕 黄长营：“美国法院的审判效率”，载《人民法院报》2002年8月1日。
〔2〕 周道鸾主编：《外国法院组织与法官制度》，人民法院出版社2000年版，第270页。
〔3〕 周道鸾主编：《外国法院组织与法官制度》，人民法院出版社2000年版，第133页。
〔4〕 周道鸾主编：《外国法院组织与法官制度》，人民法院出版社2000年版，第86页。

上述国家数量不多的法官却能审理数量庞大的案件，有两个关键因素：

一方面是司法程序设置的合理分流。“西方某些国家只有5%左右的案件开庭审理，多数案件通过速裁机制解决。”〔1〕以美国联邦法院为例，1995年受理一审案件共283 688件，当年其法官总人数为763人，即平均每个法官受理371件。但高达94%的案件并未经过庭审就已经终止，即只有17 022件经过完整的庭审，则每个联邦法官人均一年所办经过完整的庭审审结的案件只有22件，其余349件案件则通过庭前或庭外的其他方式了结。〔2〕

另一方面则是司法人员配置的科学分工。不论是大陆法系还是英美法系国家，法官的核心工作都是专注于案件的审理与判决，审判辅助性工作一般由法官助理、书记员、秘书等人员进行处理，从而使法官摆脱细碎和烦琐的程序性以及事务性工作，提高审判工作质效。例如，在大陆法系的德国，“承担法官助理职责的是各级法院的司法公务员，如柏林三级法院有司法公务员700名；慕尼黑高级法院有司法公务员285名；联邦最高法院有司法公务员73名”〔3〕；在英美法系的美国，“联邦最高法院每个大法官可以有3名法律助理、2名秘书；上诉法院可以有1—3名法律助理、2名秘书；地区法院法官可以有2名法律助理、1名秘书，此外还有法庭助理；上诉法院还有法律顾问”。〔4〕基于国情及传统，各国司法人员的组合类型和工作内容各有差异，但均形成以法官为核心、其他司法人员为辅助的格局，搭配得当、协调有序。

（二）中国国情下的不“破”而“立”

考察前述国外法官承办案件以及法院司法辅助人员的配备情况，采用的均是以法官为中心，法官助理、秘书、书记员等司法辅助人员明确分工、通力配合的团队合作式办案机制。我国一直以来也是采用办案组

〔1〕 徐光明：“代表对话案多人少”，载《人民法院报》2009年3月12日第7版。

〔2〕 以上数据整理摘自许前飞：“关于建立中国法官定额制度若干问题的思考”，载《法学评论》2003年第3期。

〔3〕 周道鸾主编：《外国法院组织与法官制度》，人民法院出版社2000年版，第82页。

〔4〕 周道鸾主编：《外国法院组织与法官制度》，人民法院出版社2000年版，第40页。

合模式，实施员额制以前，各地法院实行“1+1”“N+1”以及“1+N”模式：

表3 各地法院实行“1+1”“N+1”以及“1+N”模式

模式	法官—书记员
“1+1”	一名法官配置一名书记员的搭档模式，共同完成经手案件，法官主要负责开庭和撰写法律文书，送达、电话沟通、校对、整理卷宗等工作主要由书记员负责
“N+1”	没有固定的法官—书记员搭配组合，有一名速录员负责给多位法官开庭记录以及卷宗整理、材料送达，其余工作由法官自行完成
“1+N”	一名法官配置多名书记员，书记员间负责工作事项有明确分工

而在有条件的地区，法院探索配套法官助理机制——“1+1+1”模式，即一名法官、一名法官助理、一名书记员。而法官助理主要是分担了原来由法官承担的部分判决书撰写以及庭前证据交换、法院调解，以及部分原本由书记员负责的送达和通知工作，适当地为原有办案组合减压。

未入额法官，如前文论述，其地位不等同于员额法官，更不是法官助理，其地位应介于法官和法官助理之间。而随未入额法官的加入，办案组合模式可探索调适为“1+N+N+N”模式，即构建“员额法官+未入额法官+法官助理+书记员”的新型审判团队。[1]

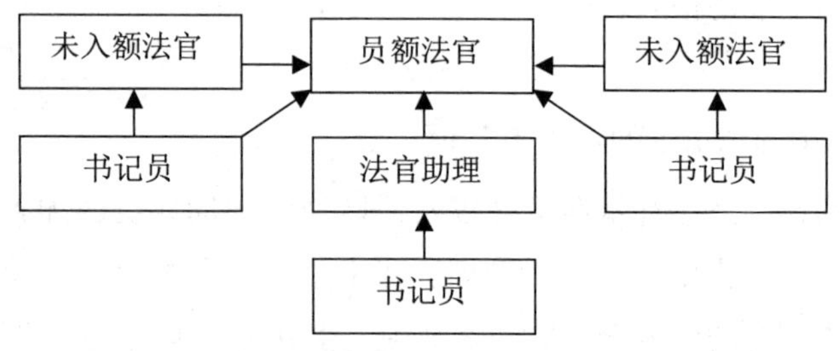

图2 “1+2+1+3”的新型审判团队示意图

〔1〕 譬如深圳福田区人民法院在2012年就大胆探索团队式管理模式，目前在该院已经有50个审判团队，其中有35个独任制的审判团队。在“1+2+3+4”合议制与“1+N”独任制中，审判长精办少部分疑难复杂案件，年轻法官速审大部分简单案件。引自林洁：“没有什么比坚守理想更重要”，载《中国青年报》2016年1月22日第6版。

四、重构：未入额法官权力的赋予和限定

（一）透过“权力”的表象

马克思·韦伯认为，权力是一个或一些人在某一社会行动中，甚至是在不顾其他参与这种行动的人进行抵抗情况下实现自己意志的能力。罗伯特·达尔在《论权力概念》中指出：“在 A 能使 B 本来不愿做的事情这个范围内，A 对 B 拥有权力。”〔1〕R. H. 陶奈在《论平等》一书中指出：“权力可以被定义为一个人（或一群人）按照他所愿意的方式去改变其他人或群体的行为以及防止他的行为按照一种他所不愿意的方式被改变的能力。”〔2〕《布莱克维尔政治学百科全书》则把“权力”定义为：“一个行为者或者机构影响其他行为者或机构的态度和行为的能力。”〔3〕尽管上述定义的表述不尽一致，但都解释了权力关系的一般表象，即支配与服从的关系。

“权力”表现为一部分人对另一部分人的控制，本质上是“一种异化的社会力量，因为它产生于社会反过来又凌驾于社会之上，公众的权力变成了支配公众的权力。”〔4〕这涉及权力的合法性问题。约翰·洛克在《政府论》中谈到政府的“信托”特征，即“政治权力是每个人交给社会的他在自然状态中所有的权力，由社会交给它自己设置的统治者，附以明确的或默许的委托，即规定这种权力应用来为他们谋福利和保护他们的财产”。〔5〕权力一旦逾越正当边界，最初构建它的行为者或者机构就可以信托的违反为由解散它或者用新的取代它。对此，《政府论》中论述

〔1〕［英］罗德里克·马丁：《权力社会学》，丰子义、张宁译，生活·读书·新知三联书店 1992 年版，第 82 页。

〔2〕［美］彼得·布劳：《社会生活中的交换与权力》，孙非、张黎勤译，华夏出版社 1988 年版，第 135 页。

〔3〕［英］戴维·米勒、［英］韦农·波格丹诺编：《布莱克维尔政治学百科全书》，邓正来主编，中国政法大学出版社 1992 年版，第 595 页。

〔4〕周光辉：《论公共权力的合法性》，吉林出版集团有限责任公司 2007 年版，第 11~12 页。

〔5〕［爱尔兰］J. M. 凯利：《西方法律思想简史》，王笑红译，法律出版社 2002 年版，第 207 页。

到："因为所有基于一定目的的受托人都受那一目的的限制，无论何时那一目的被明显忽视和违反了，信托关系就必然无效，权利就转移到那些给予权力的人手中，他们可以在认为可以对他们的安全构成最佳保护的情形下更新它。"〔1〕

（二）探寻"权力"的边界

基于上述论断，权力既可以被创设，亦可予剥夺，权力存在的意义在于合理和有效，用以实现公共利益最大化，故任何语境下的公共权力都有必要保留在一个合理的运行区间。

在此，我们先假设两种极端情形，一种是权力赋予最大化，该种环境之下，权力主体极易产生"亢奋"，可能出现权力滥用、权力腐败、权力专断等弊端，正所谓"绝对的权力导致绝对的腐败"。另一种是权力剥夺最大化，该种环境之下，由于权力"缺失"易打击权力主体积极性，极易出现拖延和不作为现象。因此，权力过大和权力过小均损益功效，不符合公共利益最大化的目标，只有合理的权力范围才能达到帕累托最优〔2〕。

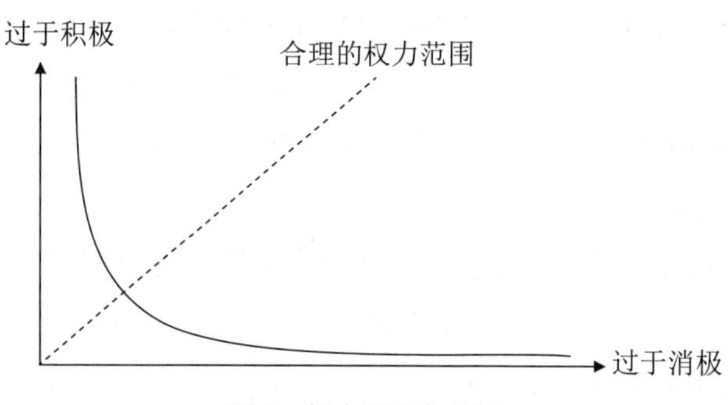

图3　权力程度曲线图

未入额法官权力的赋予和限定，可能需要在更微观的层面探讨，但基础原理同前论断。至于权力具体如何设置在合理区域，需考虑的变量

〔1〕［爱尔兰］J. M. 凯利：《西方法律思想简史》，王笑红译，法律出版社2002年版，第208页。

〔2〕帕累托最优，也称为帕累托效率，维弗雷多·帕累托最早在经济效率和收入分配的研究中使用了这个概念，是指自愿分配的一种理想状态。

因子包括：

（1）权力来源，即权力是否是人民群众赋予？是否经过有权机关任命？未入额法官，既然“未入额”，权力界定上肯定要弱于员额法官；但广义上而言仍是“法官”，亦保留有一定审判权，权力级别上要明显强于法官助理。

（2）权责挂钩，权力越大责任越大，反之亦能成立。未入额法官和员额法官，是一律等同适用“办案责任制”“错案追究制”，还是出台专项文件规范未入额法官职责，区别对待？以此来衡量可以赋予权力的大小，即责大权大、责小权小，责权对等。

（3）工作性质，即根据工作内容来确定权力大小，权力的赋予应最低能保障基本工作内容的完成，并以不过分超过工作内容所需为度，即遵循合理性和必要性原则。

（4）大局脉络，即考虑未入额法官群体在整个司法改革大潮中的定位，决定权力趋势是逐增还是式微。

（三）构建未入额法官办案权力框架的尝试

基于前文分析，以合理界定权力界限为基础，本文尝试对未入额法官办案权力进行框架性构建，具体如下：

1. 继续审结原有存案

未入额法官在员额制推行前接收的案件，可适用不溯及既往的原则，不论案件难度，均由未入额法官继续审理，保留其完整的审判权力，权责则参照适用员额法官的规范标准。员额制推行以后的案件，未入额法官仅接收属于其可审理范围的案件，不在可审理清单的案件，不再继续接收新案。

2. 承办非牵头批量案件

批量案件即当事人相同、标的相似案件，该类案件由员额法官牵头办理首案，未入额法官在此基础上办理类似案。如同一银行起诉的信用卡案件、劳动者起诉的同一用人单位劳动争议、同一物业公司起诉的物业费案件等，该部分类型案件数量多，但处理的原则和思路一致，可分流给未入额法官，让员额法官抽身专注审理疑难复杂案件，故可“放权”

由未入额法官审理。在此种场合，未入额法官的权力应视为与员额法官等同，具备主持庭审并作出裁判文书的权力；而义务方面亦可参照员额制对法官负责制、错案追究制等制度处理，做到权责明晰、有权必有责。

3. 参与审理复杂案件

对于普通程序案件，一般刑事案件，应严格按照员额制的要求，需由员额法官担任案件主审人与审判长，裁判文书由员额法官签发。未入额法官权力应受到限制，即不得担任普通程序案件主审人与审判长，但仍可作为合议庭一般成员参与案件，其权力基础类似于人民陪审员制度，在审理案件过程中，未入额法官合议案件的权利义务适用《法官法》相应规定，但同时员额法官应对未入额法官进行业务把关和指导。

4. 处理非权力核心环节

未入额法官对于除上所列案件，不可独立组织庭审、签发裁判文书，但其他环节均可“放权”让未入额法官进行处理。如组织证据质证、组织法庭询问、草拟法律文书、组织各方调解、进行判后答疑等。

5. 特定情形可退出审理

同时，虽可赋予未入额法官限定条件下承办部分案件之权力，但仍应设定一定情形下未入额法官被动或主动退出机制。举例而言，如发现批量案件处理原则可能不同于牵头案，未入额法官应主动申请退出，变更为员额法官审理，抑或和员额法官担任审判长共同组成合议庭审理。

五、延伸：未入额法官之配套制度

除工作内容之外，未入额法官保障性机制亦应同步构建，具体包括以下几个方面的内容：

（一）职业转化机制

鉴于未入额法官是从原法官岗位退出，一般符合《法官法》所规定的任职法官的条件，具备办案资格，且通过实践能使自身司法技艺不断提升，我们认为，可适当赋予未入额法官日后进行员额遴选的优先权，在一定条件下优先考虑入额。此举一方面可增强未入额法官的积极性，保障司法队伍稳定，另一方面亦构建未入额法官——员额法官的可转换桥梁，列入候补法官名单的未入额法官，一旦出现员额空缺，顺位替补，弥补法官入额遴选工作不能经常性启动，一旦有员额空缺无法随时替补的制度缺位问题。但另外，亦应设置退出机制，如出现未入额法官确实无一线办案意愿或不适合继续办案等因素，可考虑法院内部转岗，或者择优向行政机关推荐、到龄退休等予以分流，实现“有进有出”。

（二）职业培训制度

未入额法官作为今后员额法官的“储备”力量，在职业培训制度上应与员额法官等同，不宜区分对待，故亟须构筑统一的法官职业培训机制。职业培训的具体内容上，既要注重业务技能培训，如庭审驾驭能力、裁判文书撰写能力、沟通调解能力等，又要注重职业道德和素质教育。

（三）职业评价制度

未入额法官的职业评价制度的设置，既要有激励，也要有约束。可通过制定专门的规章制度，科学、客观考察未入额法官的审判工作实绩、审判业务和法学理论水平、工作态度、审判作风和思想品德等，具体可从办案数量、办案质量、调研成果等方面进行考核，法院可设立由员额法官组成的专门机构，对未入额法官进行考核。奖惩应以考核作出的评价作为基本依据，可直接参照现有法官奖惩机制，对承办案件的奖惩参照适用员额法官相关制度进行。

（四）职业保障机制

职业保障制度包含身份上的保障，即不得随意被免职和辞职制度，以及司法豁免权，即在执行司法审判职能过程中所为和所言享有不受法律追究的权利，等等。另外，还包括经济上的保障。司法改革的目标是建立法官单独职务序列，未入额法官虽不列入法官职务序列等级，但目前可保留现有职务现有待遇，并探索稳中有升的待遇保障机制。

六、结语

未入额法官是司法改革过渡时期的产物，并非长久而仅仅是权宜之策。实行员额改革，应逐步实现未入额法官有序递减，最后使之完全退出历史舞台。但存在即合理，在此之前，如何实现改革的平稳过渡、减少与之伴随的苦恼与阵痛，则将需要我们进行更多的有益探索。

到位与归位：基层法院审判辅助人员管理制度构建的路径

许　琛[1]

提　要：随着法官员额制、司法责任制、人员分类改革等司法改革的推进，起初被忽略的审判辅助人员的改革越来越受到重视。审判辅助人员到位，法官才可真正归位。《人民法院第四个五年改革纲要（2014—2018）》，对审判辅助人员改革提出了制度化、科学配备以及优化结构三项改革目标。但从现实状况来看，存在诸多问题，包括法律制度架构缺乏，使制度建设成无源之水；分类不科学，定位不清晰，尤其是对法官助理的定位仍存在较大争议；地方支持有限，人员配备不足，导致“1+1+1”的基本硬件配置都难以保障；管理困难重重，人员素质参差不齐，编外辅助人员的管理成为新课题；等等。针对这些问题，本文以广东省广州市天河区人民法院的实践为样本，提出了审判辅助人员管理制度构建的路径探索：首先是分类管理，因“事”定“人”，先将审判辅助事务分为实体性、程序性、保障性三类，再根据三类相应确定辅助人员的类别和职责；其次是配置管理，建立以“跟人+随案+岗位”为原则的人员配备量化的动态管理体系，法官助理和书记员的配备“跟人”，集约性工作书记员的配备“随案”，事务性人员的配备跟“岗位”；再次是等级管理，建立跨越人员身份性质的等级管理制度，法官助理建立3—5个等级，书记员建立6—8个等级，与工资薪酬直接挂钩，打通审判辅助人员的职业发展的通道；最后是运行管理，明确法官助理、书记员的角色定位，根据定位确定其各自的职责范围，并建立审判团队与法官助理双重考核，确保审判工作团队的顺畅运行，提升审判质效。

关键词：审判辅助人员；司法人员分类管理；制度构建路径；基层法院

---

[1] 作者许琛，广东省广州市天河区人民法院调研科科长、审判员，Email：93515023@qq.com。

引言

审判辅助人员到位，法官才可真正归位。但随着改革的推进，各级法院越来越意识到，审判辅助人员改革的推进，关系法官员额制、司法责任制等重要改革的真正落实。《人民法院第四个五年改革纲要（2014—2018）》[1]第48项“推动法院人员分类管理制度改革”中，对审判辅助人员改革做出了明确规定：“健全法官助理、书记员、执行员等审判辅助人员管理制度。科学确定法官与审判辅助人员的数量比例，建立审判辅助人员的正常增补机制”“拓宽审判辅助人员的来源渠道，探索以购买社会化服务的方式，优化审判辅助人员结构。”这一规定，针对审判辅助人员改革，提出了三个改革目标和方向：制度化、科学配备以及优化结构。但从目前的改革进程来看，离改革目标尚有较大的距离。

本文以广州市天河区人民法院为样本，在分析问题的基础上，对基层审判辅助人员改革的路径提出可行、可操作的设想和建议。之所以选择天河区人民法院为样本，原因有三个：一是该院地处一线城市中心城区，在全市12个基层法院中案件量最大，2015年受理案件超过4.5万件，2016年超过5.7万件，案多人少矛盾非常突出，这是大多数基层法院面临的共同问题。二是为缓解案多人少矛盾，近两年天河区人民法院在地方的支持下，大量配备审判辅助人员，并于2015年完成“1+1+1+0.5+0.5”的人员配置，解决了审判辅助人员改革的基础性问题。这对于研究法官、法官助理与书记员关系，以及辅助人员配备机制、管理运行制度等的建立提供了很好的前提和优质土壤。三是天河区人民法院近年来在加强审判辅助人员管理方面做了大量探索和尝试，也取得了一定成效，对其进行梳理和研究，可以为改革提供示范样本。

---

〔1〕 最高人民法院于2015年2月4日下发了《人民法院第四个五年改革纲要（2014—2018）》，对人民法院改革工作做出了全面规定。

一、审判辅助人员制度建设的现状及问题

从逻辑上来说，审判辅助人员改革是人员分类改革的一部分，应当与法官单独序列改革同步进行。但是这项改革无论是在法律基础架构，还是在现实操作上，都存在诸多问题。

（一）法律制度架构缺乏

在我国的司法系统中，制度意义上的审判辅助人员只有书记员。《中华人民共和国人民法院组织法》（以下简称《人民法院组织法》）（2006年修正）第39条规定："各级人民法院设书记员，担任审判庭的记录工作并办理有关审判的其他事项。"书记员的职责在于记录和审判的"其他事项"，既无法官助理的身影，也无关于审判辅助工作的概念、定义、范围，这些均语焉不详。这就使审判辅助人员的改革成为"无本之源"。虽然最高人民法院在1999年《人民法院五年改革纲要》中第一次提出法官助理制度，在2004年开始在18个法院试点推行制度，2007年在西部地区部分基层法院开展试点，缓解法官短缺问题，各地由此相继出台各种改革文件，但由于缺乏纲领性、原则性、框架性规定，各种文件之间相互矛盾之处多见，各地改革也各自为政，情况各有不同。

（二）分类不科学，定位不清晰

根据《人民法院工作人员分类管理制度改革意见》[1]规定，法院人员分为审判、审判辅助、司法行政三类，而审判辅助人员包括执行员、法官助理、书记员、司法警察、司法技术人员五类，首次出现了审判辅助的概念，原则性界定了五类人员为司法辅助人员。但实施这一规定，涉及《法官法》、《中华人民共和国公务员法》（以下简称《公务员法》）、《人民法院组

---

〔1〕2013年由中共中央组织部、最高人民法院制定下发的《人民法院工作人员分类管理制度改革意见》，是目前唯一对审判辅助人员进行界定和分类的中央级文件。

织法》、三大诉讼法等制度层面的修改，法官单独序列尚且困难重重，更别说辅助人员的分类管理。因此该文制定至今，实际并未得到真正落实。

最为不明确的是法官助理定位与职责，法官、法官助理、书记员的职责长期存在重复、交叉的问题。一般认可的是，法官助理与书记员均是辅助法官从事审判辅助性工作。但具体定位和范围在理论和实操中都有着较大争议。第一种观点认为，法官助理在法官的指导下，从事更接近于实体的审判辅助工作，如撰写裁判文书、开展调解、接见当事人等。而书记员承担与程序相关的事务性工作，如法庭记录、送达、通知、归档等。这是《人民法院工作人员分类管理制度改革意见》采纳的观点。第二种观点认为，凡是法官应当从事的审判核心事务以外的工作，都应由法官助理与书记员负责，鉴于目前审判力量普遍不足，法官助理与书记员的分工可不必非常严格。〔1〕这一情况在现实操作中相当普遍，由于人员不足，许多法官助理实际都是在干着书记员的工作。第三种观点认为，应当赋予法官助理“权限法官”职责，“授权其在法官的监督下独立行使各类案件的调解权和小额案件、非讼事件的裁判权”，〔2〕以此解决大量已经是办案重要力量的代理审判员不能入额，而入额法官又严重不足、无人办案的问题。到底应采用哪种观点和做法，各地都在进行探索，但都无定论。

（三）地方支持有限，人员配备不足

此轮司法改革，提出的是“法官+法官助理+书记员 1+1+1”的审判基本团队配备要求。过往各地法官实施的一般是“1+1”甚至是“1+0.5”的配置，要实现改革目标，意味着辅助人员数量至少要增加一倍以上。法院政法编制数量本已捉襟见肘，完全无法满足一倍的人员增加。即便有空缺编制，每年公务员招录的岗位和数量都严格受限，很难短期内满足需要。招录编制外合同制审判辅助人员是必经之路，这也符合《人民法院第四个五年改革纲要（2014—2018）》第48项提出的“拓宽审判辅助人员的来源渠道”的要求。据悉，全国各地都在大范围地招录编外的审判辅助人员，2016年7月北京法院发布消息，对外招录1 458名

---

〔1〕 花玉军：“审判辅助人员优化配置的制度藕合”，载《人民司法》2015年第13期。

〔2〕 傅郁林：“以职能权责界定为基础的审判人员分类改革”，载《现代法学》2015年第4期。

编外审判辅助人员。但这涉及编制、经费等许多现实问题，多地的人财物“三级统一管理”改革中，确立了编外审判辅助人员仍由地方解决的原则。[1]因此这完全依赖于地方人事、财政部门的支持，阻力是非常现实的。地方政府对于法院工作缺乏了解和理解，是否给予配置、配置多少常常取决于长官意志甚至“关系”。广州市的12个基层法院，仅有天河区人民法院完成了“1+1+1”配置，大多数仍然是二跟一，甚至三跟二的配置，在“硬件配置”上还存在很大的差距，很难谈及业务的分工、人员素质的要求、管理机制的建立等。

（四）管理困难重重，人员素质堪忧

由于政法编制的不足，审判辅助人员主要是非编合同制人员，受地方政策影响，存在诸多管理上的问题：一是成分复杂。以天河区人民法院为例，该院审判辅助人员分为公务员、事业编职工、政府雇员、区财政拨付人员、办公经费自行负担人员五种。不同的“出身”，待遇标准不同，“同工不同酬”现象严重。二是待遇偏低。由于辅助人员大多为编外人员，其工资待遇完全依赖地方财政的支持，除去占少数的公务员和事业编制，在编外辅助人员中，收入较高的政府雇员年薪约6万元，区财政拨付人员年薪约4.2万元，办公经费自行负担的人员年薪仅3.6万元，平均月薪仅3 000元左右，在广州、上海这样的大城市难以长期维持生计。三是人员流动性大。因工作任务繁重，工作待遇又低，缺乏晋升通道，大多编外审判辅助人员存在“骑驴找马”的就业心态，法院成了“练兵场”，每年人员流动率高达20%至30%，平均就业年限仅为2年至3年，法院每年要花费大量时间精力用于人员补录、教育培训和用工管理，给保密和廉政管理也都带来困难。四是人员素质问题。因为工作繁重、待遇不高、发展前景等问题，法院也面临对招录人员素质的担忧。尤其是在“1+1+1”工作模式下，对从事审判实体性辅助工作的第二个“1”即法官助理的要求甚高。对其专业水平、人员素质及稳定性均比一般辅助人员要高得多。但是目前的情况是，法官助理大多为编外人员，待遇、考核、晋升、职

---

〔1〕 广东的改革便是如此，所有编外审判辅助人员的编制、工资、经费均由各地方财政予以解决。

业保障都成问题，职业吸引力非常有限。同时配套的考核管理制度和人才引进保留机制，很容易造成这些人员能力不强、思想依赖、工作懈怠。

二、分类管理：审判辅助工作分工精细化

审判辅助工作的专业化、精细化分工，是司法专业化发展的必然趋势。必须先将审判辅助事务从审判核心事务中区分出来，再将审判辅助事务进行符合审判规律的分解分类，再根据这一分解以“事”定“人”，使审判辅助人员分类遵循审判辅助事务的分类，从而实现对辅助人员的分类管理。

（一）辅助事务的分离

“将审判业务进一步区分为审判事务与审判辅助事务、日益扩大审判辅助事务的职权则是在司法专业化驱使的一种世界动态”。[1]

一直以来，我国的法官背负的辅助事务工作过于繁重，但随着案件数量不断上升、审判工作的专业化程度发展，这种“一脚踢”的工作模式让法官不堪重负。法官的职责定位是主要从事核心审判事务，要通过事务分工将法官从烦冗、琐碎的程序性事务或非审判事务中解脱出来，专心致志行使判断权。[2]除了程序性事务之外，对于审判核心的一部分事务性工作，如庭前阅卷、争点归纳、证据交换、庭前调解、调查取证、草拟文书等，也可以分离出来，由审判辅助人员，具体则是由法官助理来承担，真正做到“助理到位，法官归位”。

（二）辅助事务的分类

科学分类是审判辅助人员管理中的基础性环节。事实上，国内对审判辅助工作的分类谈及甚少，主要是因为长期保持着“1+1”或者“N+1”的模式，审判辅助工作一部分由法官承担，一部分由书记员承担，基

---

〔1〕 傅郁林：“以职能权责界定为基础的审判人员分类改革”，载《现代法学》2015 年第 4 期。

〔2〕 贺小荣、何帆：“贯彻实施《关于全面深化人民法院改革的意见》应当把握的几个主要关系和问题”，载《人民法院报》2015 年 3 月 18 日。

本是“眉毛胡子一把抓”。要对审判辅助人员进行分类，必须先对审判辅助工作范围进行合理的分类。笔者调查了所在基层法院的审判辅助工作的情况，并进行了汇总分析，根据辅助工作的功能，将之分为实体性辅助工作、事务性辅助工作和保障性工作三大类。实体性辅助工作，即可能会直接影响案件实体裁判的辅助工作；程序性辅助工作是案件审理过程中必要的程序性、事务性的工作，根据工作的性质又可分为集约性工作和非集约性工作；保障性工作并不与具体个案直接相关，但却对审判工作进行起到不可或缺的保障作用。（详见附表）

（三）审判辅助人员分类

审判辅助人员的分类应根据审判辅助事务的分类来进行。法官助理是审判辅助人员中的核心部分，在法官指导下，开展较为重要的审判核心的实体性工作。书记员协助法官完成审判程序性事务工作，分为跟案书记员和非跟案书记员两大类。各地法院对于集约事项管理措施不同，集约书记员的配备会有较大不同，分工化、精细化程度高的基层法院，对集约化书记员的配备需求会更高。司法警察参照警衔管理制度分等级，由法警队统一管理。审判事务人员的这部分审判辅助工作常常会被各类改革文件忽略，但的确为审判工作不可或缺。如庭务内勤，其职责好比庭长的事务助理、庭务“大总管”，对整个审判庭综合管理运行起到非常重要的作用。（详见附表）

附表　审判辅助事务及人员分类管理示意图

序号	审判辅助事务		审判辅助人员	
	分类	内容	类型	职责
1	实体性辅助工作	可能会直接影响案件实体裁判的辅助工作，法官审查诉讼材料、组织证据交换、接待当事人、召集庭前会议、开展调解、分析研究、草拟裁判文书等	法官助理	审判辅助人员中的核心部分，要求具备较高的法律专业素养，在法官指导下，开展较为重要的审判实体性工作，按照1:1比例配置给审判法官

续表

<table>
<tr><th rowspan="2">序号</th><th colspan="2">审判辅助事务</th><th colspan="3">审判辅助人员</th></tr>
<tr><th>分类</th><th>内容</th><th colspan="2">类型</th><th>职责</th></tr>
<tr><td rowspan="2">2</td><td rowspan="2">程序性辅助工作</td><td rowspan="2">案件审理过程中必要的程序性、事务性的工作，包括排期、庭前准备、通知、送达、保全、材料收转、记录、校对、文印、归档等</td><td rowspan="2">书记员</td><td>跟案书记员</td><td>按照1:1标准配备给一线审判法官，协助法官和执行员完成审判和执行工作中的程序性辅助工作</td></tr>
<tr><td>非跟案书记员</td><td>不分配跟随法官的书记员，由各审判庭、立案庭、书记员管理科等部门统一管理，主要从事集约性的审判程序性辅助工作，主要包括速录、窗口立案、材料收转、送达保全、文书制作等五类</td></tr>
<tr><td rowspan="2">3</td><td rowspan="2">保障性工作</td><td rowspan="2">并不与具体个案直接相关，但却对审判工作进行起到不可或缺的保障作用，包括司法警务、司法统计、内勤管理、信息化维护、文秘等</td><td colspan="2">司法警察</td><td>参照警衔管理制度分等级管理，承担值庭、押解、看管等审判警务保障工作，配合民事、行政等案件的送达、财产保全、执行事项，维护法院办公秩序和安保等工作，由法警队统一管理</td></tr>
<tr><td colspan="2">审判事务人员</td><td>主要从事审判业务庭案件综合管理、司法统计、司法委托、信息技术、后勤事务等行政性审务保障工作，分散由岗位所在部门进行管理</td></tr>
</table>

三、配置管理：建立人员配备量化动态管理体系

应配备多少审判辅助人员？这是此轮改革中讨论的一个重要问题。许多学者作了庞大的比较研究，针对日本、美国、德国及我国香港、台

湾地区的法官人均结案数以及辅助人员的配备数量。但由于各国进入司法统计数据的案件和类型标准差异很大，因此法官的人均结案量和辅助人员的配备比例并不准确客观。[1]笔者认为审判辅助人员配备与工作岗位、工作量密切相关，并不能一刀切，应当建立的是“跟人+随案+岗位”的量化动态的管理体系。

（一）审判团队的配备

审判团队的人员配备以“跟人”为配备原则，在基层法院，法官独立办案。以天河区人民法院为例，改革之前已经基本实现了一审一书的“1+1”配置，但随着案件量的增大，这一配置明显已无法满足需要，“1+1+1”模式应当是基层法院审判单元的标准配置，一名法官配备一名负责实体性辅助事务的法官助理、一名负责程序性辅助事务的书记员。而实际上，这一标配还会因实际情况的不同进行相应调整。比如速裁法官，办理相对简单的民商事案件，法官每月平均结案数量约为 80 件至 100 件，是一般法官的 3 倍—5 倍；案件简单，但送达、通知、归档等事务性工作会更为繁杂，可以采取“1+1+2”的配置；又如审委会专委办案，办案数量少，但案件难度相对较大，可以采取“1+1”配置，配备一名书记员或法官助理从事相关的辅助工作。

（二）集约性辅助工作的人员配备

集约性辅助工作以“随案”为配备原则，且需根据各法院管理的集约化程度因人而异。如速录员、法警、立案员、送达员等，需根据案件量的实际需要进行配备。以天河区人民法院为例，经过调研，平均两名审判员配备一名速录员和一名法警，法警与速录员均由书记员科和法警大队集中管理。又如，送达员的配备，按照每人每月完成送达约 100 件计，每年需集中完成 12 000 件民事案件送达量进行配备，配备 10 名送达员。窗口立案员的配备，根据一年约 30 000 件的民事案件立案数量，每人每天立案约 25 件，配备 5 名立案员；材料收转员的配备，按照每年完

[1] 傅郁林：“以职能权责界定为基础的审判人员分类改革”，载《现代法学》2015 年第 4 期。

成各类材料收转约 6.5 万份的工作量，每人每天完成 150 份材料收转，配备 2 名收转人员；等等。

（三）审判事务岗位的人员配备

审判事务岗位人员主要根据岗位的需要，适量地配备。可以配有事务性人员的岗位包括审判执行部门的审判庭事务综合管理（内勤）岗位、档案工作管理岗位、司法统计员岗位、计算机信息维护岗位、司法委托工作岗位等，根据岗位需要配备 1 至 2 名审判事务岗位人员。

按照这一审判辅助人员的配备要求，实际法官与审判辅助人员的比例要大于 1:2，甚至更高。在天河区人民法院，将记录、送达、收转等集约性的工作分离出来后，实际的辅助人员配置在“1+1+1”的基础上，还平均配备 0.5 名法警和 0.5 名速录员，即审判人员与审判辅助人员的比例达到了 1:3。

四、等级管理：打通审判辅助人员职业通道

目前编外辅助人员工资等级一刀切、缺乏职业上升通道的局面饱受诟病，应当建立编外辅助人员等级制度，将等级与薪酬挂钩，在合理的范围内，为审判辅助人员提供一定的晋升路径，从而提升审判辅助人员的工作积极性和队伍稳定性。需要特别解决的问题是，不同身份的人员的等级管理问题。笔者认为，不必以不同身份单独订立等级，人员的等级可以跨越身份限制，只要在同一类身份中，区别不同等级的工资标准和待遇即可。此举更有利于开拓晋升空间，吸引和留住人才。另一个需要解决的现实问题是，各地方财政对编外人员的工资标准不尽相同，建立等级制的两项前提是：地方财政给予较为充分的支持，以及法院对编外人员薪酬管理有较大的自主权，可以在地方财政的核拨经费内进行人员工资的二次分配。

（一）法官助理等级

法官助理涉及实体性工作，且其身份多为较为稳定的公务员、事业编制人员或者政府雇员，其中公务员身份的法官助理，更可能是后备法官的主要来源。因此，可以根据公务员法官助理可能成为后备法官的3年至5年的平均年限，以及编外法官助理3年至5年的平均工作年限，确立3至5个等级。各等级之间建立相应的考核机制，可每年考核合格晋升一个等级。对于合同制人员，等级的意义在于与薪酬挂钩，根据等级确定等级工资，对于编外法官助理，其工作须具有较高的素质要求，对法官助理的准入条件、薪金等级都要比其他审判辅助人员高。在天河区人民法院，要求法律本科以上学历、通过国家司法考试或法学研究生以上学历，方可担任法官助理，2015年通过高出一般书记员40%的工资水平（月薪约7 500元）招录50名研究生学历的法官助理，对案件办理起到了很好的促进作用。对于政法编制人员，等级的意义在于年度考核和晋升，三级以上法官助理才可参加法官资格考试，晋级法官身份。

（二）书记员等级

书记员从事审判程序性辅助工作，人员身份一般为编外人员。为了保证编外人员的稳定性，应设定相对较多的等级，参考劳动合同法的有关规定，建议设定6至8个等级为宜。基本可根据等级确定工资，每个等级之间的工资差额在300元至600元不等，级别越高，差额越大。建立以聘用岗位为基础，试用期、月度、季度、年度等多层级考核机制，由此给予辅助人员8年左右的职业激励晋升空间。

（三）法警及其他人员

法警应当根据警察管理序列进行管理，其他人员如速录员、内勤、送达员、司法统计员等，可参照书记员等级执行。

五、运行管理：建立以法官为核心的团队运作模式

审判辅助人员运行管理是审判辅助体制改革的重点环节，主要包括各类人员的角色定位、职责划分、考核晋升等问题。

（一）角色定位

需要处理好两个核心的关系，即明确法官与法官助理之间的关系和法官助理与书记员之间的关系。在司法责任制改革的大背景下，落实让“审理者裁判、裁判者负责”的目标，就是要突出法官的独立裁判的地位，即在审判团队中突出法官的主体地位，法官既是指挥者，也是管理者，同时最终是团队所有行为责任的承担者。法官只有在团队中处于核心地位，负责起团队的分工和管理，才能有效地把控整个案件的审判过程。

法官助理是从事实体性辅助工作的人员，在法官的指导下开展工作，具有一定的审判权限，这一审判工作权限来源于法律和法官的授权。[1]广东法院关于法官助理的改革工作指导意见[2]中规定，“法官助理是协助法官从事审判业务的辅助人员，在法官指导下开展工作”。笔者赞成这一定位，明确了法官的主导地位和法官助理的从属地位，以及法官助理有限的审判权限的来源。因此，法官助理应与法官工作具有更强的同步性。在法官的指派下，一定程度地参与庭审、撰写裁判文书、开展调解等核心的审判事务，亲历案件，并对案件最终的实体处理产生实质的影响。

对于赋予法官助理更独立的审判权限的观点，笔者并不赞成。一是赋予法官助理相对独立的实体处分权限与辅助人员这一定位不符，并且

〔1〕 应当修改《人民法院组织法》，明确法官助理的工作地位和职责，赋予法官助理一定的审判权限，参与案件实体审理工作，获得法律上的授权。

〔2〕 广东省高级人民法院《全省法院法官助理改革试点工作指导意见》（粤高法发［2015］6号文）。

缺乏法律依据；二是在人员不足情况下，法官助理身份复杂，许多为编外人员，赋予独立审判权会为法官增加更大的承责风险；三是目前法官助理准入门槛并不高，队伍年轻，素质参差，难以独立从事审判工作。而书记员工作相对单一，完成程序性的事务工作，与审判实体性工作可以作明确的区分。法官助理和书记员都直接受命于法官，对法官负责，他们之间是平等合作关系，不存在隶属关系。但书记员经过考核优秀的，可以提升为法官助理，从事法官助理工作，享受法官助理待遇。

（二）明确职责

明确职责关键是明确法官助理与书记员的职责，其实质就是明确审判实体性辅助事务与程序性辅助事务的区别。

1. 法官助理

由于缺乏明确的法律规定，文件规定之间及各地的改革，对法官助理职责范围均有不同的规定。根据目前《人民法院工作人员分类管理制度改革意见》的规定，法官助理在法官指导下履行审查诉讼材料、组织庭前证据交换、接待案件诉讼参与人、准备与案件相关的参考资料、协助法官进行调解、草拟法律文书等职责，这是目前关于法官助理工作职责最为权威的规定。广东法院关于法官助理改革试点工作指导意见中，对法官助理工作职责作了宽泛的规定，除上述规定外，还规定了调查取证、诉讼保全、司法鉴定等工作，甚至规定法官助理可以代行书记员职责。这一规定是在目前人员配备不足的情况上提出的权宜之计，但实际混淆了法官助理与书记员的工作职责和权限，造成职责不清，权责不明。在实践中，诉讼保全、证据保全、校对文书等工作由书记员便可完成。

笔者认为，法官助理的工作职责应围绕两个核心：一是实体性，二是辅助性。法官助理设置的一个重要目的，是“使法官更像法官”，使其从繁重的事务性工作中脱离出来。因此，其核心的工作应是围绕协助法官撰写裁判文书这一核心开展的，包括审查诉讼材料、参与庭审、收集参考资料等。同时协助法官进行调解、接待当事人、开展调查等可能会影响实体裁判的工作，法官也可以根据上述两个原则安排法官助理的工作，由此与书记员的工作划清界限。

2. 书记员

书记员的职责范围主要围绕程序性、事务性工作而展开，其工作比较单一，前已有述，如通知、接收、移交、告知、记录、送达、外勤（保全、评估）、校对文印、整理、装订、归档等。

（三）明确考核

实际上，对审判辅助人员的考核，除了单独考核外，还应当有对审判团队的整体考核，即实行审判团队任务和法官助理个人任务双重指标考核。

1. 审判团队的考核

在原来“1+1”的基础上，完成“1+1+1”团队配备后，审判团队的工作指标应比原来提升20%至40%的结案目标。实践证明，这是可行的，从天河区人民法院结案情况来看，2015年底完成配备以后，民事案件结案总量上升了30%。而在速裁案件中或在简易系列案件更为集中的审判部门，法官助理对于简易案件的贡献最为明显，一名法官助理每月可以帮助法官草拟简易案件裁判文书50件以上，[1]由此速裁案件法官结案量上升70%。当然，对于这一数据仍然需要更长时间的考察，由此制定合理的结案指标。

2. 法官助理的考核

之所以强调要单独设定法官助理的工作量，是因为来自法官的担忧。法官助理在定位上具有从属性，其行为的最终责任者是法官，如不单独设定法官助理考核工作任务量和工作指标，会导致法官助理工作动力不足、积极性不高、责任心不强等问题，这样不但不会减轻法官工作量，反而会增加法官工作压力和风险承担的负担。而法官助理工作的核心工作就是协助法官撰写裁判文书，可尝试将撰写裁判文书、参与调解等事务进行量化，要求法官助理完成撰写裁判文书及开展调解案件不少于法官经办案件的50%至60%。天河区人民法院实行“双60%”考核制，即每月拟写裁判文书的份数不少于法官指标数的60%，同时不少于当月法

---

〔1〕 速裁案件中，以银行信用卡、银行借款、产品责任以及调解等简易案件、系列案件为主，判决的类似性、同致性较强，法官助理帮助裁判文书撰写方面可以发挥非常大的作用。

官实际完成工作量的60%。这一标准参考的是基层法院法官案件的简易案件比例。法官助理在能力、经验、素质等方面，毕竟无法胜任一些复杂案件的办理，这部分工作还应由法官自己来完成。在考核上，还应强调法官对法官助理具有独立的考核评定的权力，使法官可以更好地管理和使用法官助理。在制度的层面，还应当建立法官助理能上能下的原则，考核不合格的法官助理应降格为书记员，调整待遇；不能胜任工作的，甚至要解除劳动合同，由此建立优胜劣汰的竞争环境和氛围。

六、结语

归根结底，审判辅助人员管理制度的建立，紧紧围绕的是建立“以审判为中心的诉讼制度”目标，法官才是审判团队的指挥者和核心力量。在法官员额制改革、司法责任制改革的前提下，只有辅助人员“到位”，法官才能真正地“归位”、回归审判核心工作。

法院人员分类背景下的社会服务购买模式

苏扬　林洁玲[1]

提　要：社会服务购买是社会分工精细化背景下产生的事物。社会服务购买概念的提出是对进一步转变职能、改善公共服务的重大部署，其目标与“公正、廉洁、为民”司法核心价值观所涵盖的司法为民要求一致，高度统一于为人民服务宗旨，其举措与“十三五”规划提出的“创新、协调、绿色、开放、共享”的发展理念相契合。法院在围绕审判工作核心的前提下，也应当借鉴政府向社会力量购买服务的有效经验，以巩固法院人员分类管理成果，让专业的人做专业的事，进一步提高司法办案效率和质量，提升司法为民服务水平。本文借鉴政府向社会力量购买社会服务的模式，根据法院自身工作特点，对法院非行使审判权而具备公共性工作的现有模式进行思考、分析，提出意见和建议，扩大社会资源参与法院公共服务事项的范围，以期让社会力量助力法院审判绩效的提升。

关键词：司法人员；分类管理；社会服务购买模式

引言

社会服务购买（Purchase of Service Contracting，POSC）是指“政府将原来直接提供的公共服务事项，通过直接拨款或公开招标方式，交给有资质的社会服务机构来完成，最后根据择定者或者中标者所提供的公共

〔1〕 作者苏扬，广东省广州市天河区人民法院民二庭审判员；作者林洁玲，广州市天河区人民法院民二庭法官助理，Email：neovas@ 126. com。

服务的数量和质量，来支付服务费。”〔1〕我国目前的社会服务购买更多是针对政府而言。但是，我国法院系统内部为解决案多人少现实矛盾，亦已对社会服务购买进行了积极、有益的探索。有的地方法院已将社会服务购买付诸实践，特别是经济较发达地区法院，社会服务购买的实践遍地开花。为此，我们亟须分析总结各地法院关于社会服务购买的实践经验，为社会服务购买在法院系统的推广和普及提供有益、可行的建议。

一、社会服务购买的现实背景

（一）案多人少的困境

目前，经济较发达地区的法院普遍面临着“案多人少”困境，以天河区人民法院为例，自 2015 年 5 月 1 日立案登记制实施以来，截至 2016 年 4 月 30 日，该院新收案件数量达 36 815 件，同比增加 8 022 件，增长比例近 28%，而 2015 年该院办案法官人数为 74 人，2016 年办案法官人数仅增加了 10 人，增长比例仅为 13.5%。面对如此庞大的收案数量，在法院编制固定、法官人数暂时不会大幅度增加的情况下，除了提高法官办案能力与效率，在“或是提高诉讼收费，或是扩大法官（特别是上诉法官）的案件选择权，或是增加法院的非正式法官人员编制”〔2〕之外，购买公共服务是一个新的路径。“例如，美国如今也广泛使用替代性纠纷解决方式，但不由正式法官履行，更多由律师或其他也许号称但并非真正的‘法官’来履行。”〔3〕由此可见，向社会购买服务将是我国法院解决“案多人少”问题的新方向。

（二）法官队伍专业化的要求

亚当·斯密在《国富论》里论述了专业化的必要性：“劳动生产力上

〔1〕王浦劬、［美］莱斯特·M. 萨拉蒙等：《政府向社会组织购买公共服务研究——中国与全球经验分析》，北京大学出版社 2010 年版，第 5 页。

〔2〕Brown v. Allen, 344 U. S. 443 (1953).

〔3〕See Stephen B. Goldberg, Nancy H. Rogers, and Sarah Rudolph Cole, *Dispute Resolution, Negotiation, Mediation, and Other Processes*, 5th ed., Wolters Kluwer Law & Business, 2007.

最大的增进，以及运用劳动时所表现的更大的熟练、技巧和判断力，似乎都是分工的结果。”〔1〕“从人类历史上看，专业化的最根本的途径是根据社会发展的需要实现进一步和细致的劳动分工。”〔2〕2013年，中共中央组织部和最高人民法院联合下发了《人民法院工作人员分类管理制度改革意见》，正式提出对法院工作人员实行分类管理，以建设高素质、专业化法院干部队伍。2015年，最高人民法院下发《人民法院第四个五年改革纲要（2014—2018）》，首次提及建立法官员额制。由此可见，走专业化道路，是我国构建法治社会、深化司法体制改革的必然要求。法院队伍专业化的要求，同时影响着法院干部队伍和编外辅助人员队伍的建设方向，甚至可以延伸至所有不行使审判权但在法院工作或为法院工作的人员，以及除行使审判权之外所有事务性工作的非司法化方向。从这个角度而言，法院人员的分类管理和专业化发展方向成就了法院向社会购买服务的重要客观形势和前提条件。

（三）法院部分工作具备公共服务的共性

虽然部分省份明确规定涉及司法审判的事项不在政府社会服务购买的范围之内，〔3〕但该规定仅限制于与审判权行使相关的工作。审判权的行使有待诸多具备公共服务性质的工作的加持，比如立案阶段的诉讼指引和风险告知，诉前纠纷解决方式选择疏导，甚至判后执行权的配置，等等。这些工作与政府公共服务一样，既使用公共权力或公共资源，又能直接满足公众某种需求。如果把法院也作为公共服务的需求者，那么除审理裁判等涉及法院核心审判权行使的工作之外，其他工作也可以借助社会力量实现，在确保框定在非行使审判权的范围内，这些能使诉讼当事人直接受益的工作，与政府公共服务一样具备公共服务的共性。

---

〔1〕［英］亚当·斯密：《国富论》，郭大力、王亚南译，商务印书馆1930年版，第454页。

〔2〕苏力：“论法律活动的专门化”，载苏力：《法治及其本土资源》，中国政法大学出版社1996年版，第129页。

〔3〕参见广东省《政府向社会组织购买服务暂行办法》。

二、法院购买社会服务的主体、内容与模式

（一）法院购买社会服务的主体（向谁买）

1. 购买主体

从实际使用者的角度出发，法院是当然的购买主体。从法律规定的角度出发，规定政府购买社会服务各个主体的规范主要是《中华人民共和国政府采购法》《国务院办公厅关于政府向社会力量购买服务的指导意见》以及各省陆续出台的细化规定。借鉴广东省《政府向社会组织购买服务暂行办法》[1]关于购买主体的规定，各级法院与各级行政机关一样，均使用国家编制，经费亦由财政承担，也可以成为购买主体。

2. 承购主体

借鉴政府社会服务购买的承购主体条件[2]，法院公共服务的承购主体囊括社会上所有有能力承接法院工作的社会主体，可以包括事业单位、公司、非公司法人和非法人组织以及个人。

3. 使用主体

即社会服务的最终需求者，包括诉讼当事人和法院自身，最终目标是保障审判功能的实现。

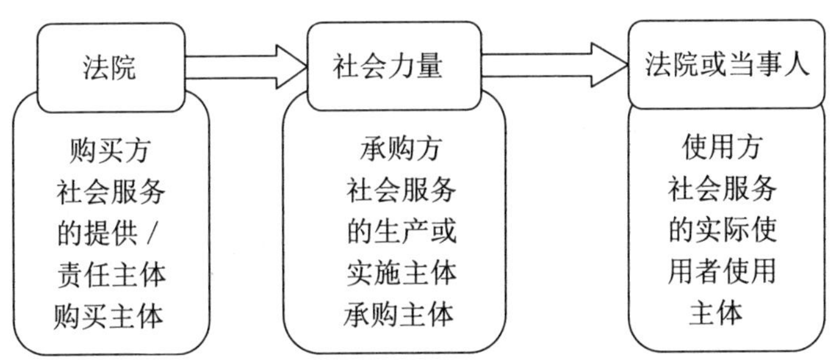

图 1　购买社会服务关系中各主体之间的关系

---

〔1〕 参见广东省《政府向社会组织购买服务暂行办法》。

〔2〕 参见广东省《政府向社会组织购买服务暂行办法》。

由此可见，法院购买社会服务最终服务于当事人和审判流程的实现，而购买的对象是具备专业服务能力和具备专业服务条件的社会主体。

（二）法院购买社会服务的内容（买什么）

法院购买社会服务的内容即购买的商品也不同于一般的物品，而是具有非实体性质、不容易定量衡量的公共服务活动。参照广东省财政厅《2012年省级政府向社会组织购买服务项目目录》[1]，将社会服务的内容细分为5级，49类，262项，其中第2级社会事务服务事项就包括了法律援助、人民调解等内容。因此，与法律、法院相关的社会服务显然可以成为社会服务购买的内容。而判断一项法院工作是否适合通过购买社会服务的方式提供，主要在于四个方面：一是社会服务有合适的承购方；二是社会服务有确定的价格和可量化的指标；三是社会服务的购买有明确的资金来源；四是社会服务的购买是否具有市场性。[2]

借鉴以上四个方面对法院工作进行划分，可得出法院购买社会服务的主要内容，其中法院工作是否适合通过社会服务购买形式实现的关键在于该项工作是否具备市场性和公共性。这里的公共性是相对于审判工作的专属性而言的，公共性高、市场性高且从属于或服务于审判权行使的工作，即可成为法院购买社会服务的内容。这些工作具备支撑审判工作正常运转、当事人受益且无法分割的特点，又无需通过法官实施，受益范围具有针对性，且未必一定由审判业务部门承担。

（三）我国法院社会服务购买模式（怎么买）

1. 购买方式

借鉴于政府购买社会服务的有效经验，按照法院与承接方在购买关系形成的方式和特点，法院购买公共服务的方式可以分为直接购买和间接购买。直接购买主要是合同制。间接购买主要包括资助制、凭单制。

方式一是合同制。合同制是法院购买社会服务中常见的方式，在此

---

〔1〕 参见广东省财政厅《2012年省级政府向社会组织购买服务项目目录》。

〔2〕 贺巧知："政府购买公共服务研究"，财政部财政科学研究所2014年博士学位论文。

方式中，法院占主导地位，但法院与承接方双方按照合同进行合作，相互之间的关系是对等的。该方式的具体内容为：法院初步制定购买社会服务的计划及资金规模；法院与承接方双方签订服务合同，明确法院和承接方各自的职责；承接方利用自身的技术、人力资源优势等提供社会服务；法院根据承接方所提供的社会服务数量、质量向其支付费用。该方式的承接方可以为个人（由法院自身办公经费负担的合同制人员），也可以为非个人主体。

方式二是资助制。资助制可以体现在法院内部的承担社会服务的事业单位（机关服务中心）或个人（政府核拨经费负担的工勤人员、雇员、合同制人员）等方面，是指法院通过政府拨款的形式将资金下拨给承担社会服务职能的企事业单位、民办机构和社会组织或者负担个人的费用，由他们根据自身职能、专业及人员特色，提供相应的公共服务。事实上，按照法院购买社会服务的定义，这种方式并不是严格意义上的购买，属于过渡性的方式。

方式三是凭单制。凭单制是法院与具备资质的机构达成协议，由法院给当事人发放社会服务消费凭单，由当事人自行选择向不同机构购买相应的社会服务。如诉讼费缴纳等，这种方式实际上是法院通过当事人间接购买社会服务。凭单制强化了当事人的主体作用，更进一步扩大了社会服务供给来源。

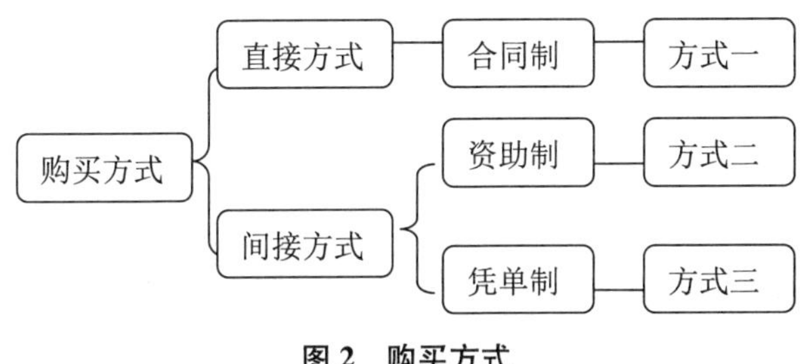

图 2　购买方式

2. 购买模式

“从国外实践来看，政府向社会组织购买公共服务的工作模式一般有四种，即根据承接公共服务的社会组织相对于作为购买方的政府是否具有独立性，分为独立性服务购买与依赖性服务购买。”[1]在此基础上区分出独立关系竞争性购买、独立关系非竞争性购买、依赖关系竞争性购买、依赖关系非竞争性购买四种工作模式。由于在我国实践中较少见到依赖关系竞争性购买模式，因此，我们在此仅仅分析另外三种模式。[2]

模式一为独立关系竞争性购买模式。法院与社会服务提供者是相互独立的关系，不存在资金、人事等方面的依赖关系，法院通过公平竞争的方式选择社会服务的承接方，以实现成本的最小化和效益的最大化。

模式二为独立关系非竞争性购买模式。法院与社会服务提供者是相互独立的关系。社会服务提供者在法院购买社会服务之前已经成立或存在，非专门为法院购买社会服务而存在。

模式三为依赖关系非竞争性购买模式。法院与承接方之间是依赖关系，购买程序是定向的、非竞争的。

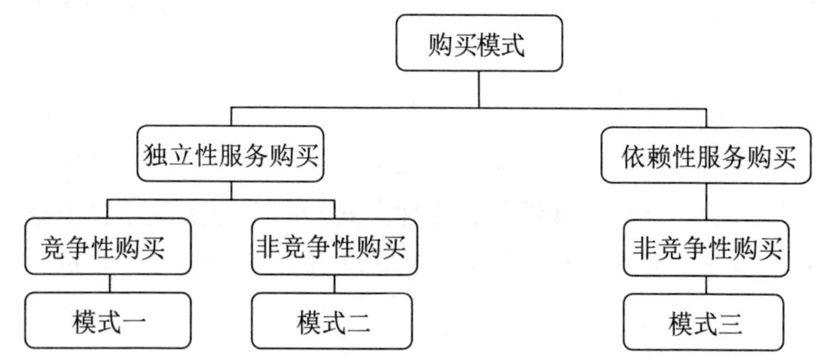

图3 法院向社会组织购买社会服务模式分类[3]

（四）费用的负担

参照广东省《政府向社会组织购买服务暂行办法》的要求，各部门购买服务所需资金从该部门预算安排的公用经费或经批准使用的专项经

---

〔1〕 王名、乐园：“中国社会组织参与公共服务购买的模式分析”，载《中共浙江省委党校学报》2008年第8期。

〔2〕 王浦劬、［美］莱斯特·M. 萨拉蒙等：《政府向社会组织购买公共服务研究——中国与全球经验分析》，北京大学出版社2010年版，第19页。

〔3〕 苏明等：“中国政府购买公共服务研究”，载《财政研究》2010年第1期。

费中解决。[1]广东省 2009 年以来各级政府用于购买服务资金达到 11.1 亿元，其中财政资金 8.752 8 亿元，彩票公益金 2.236 亿元，其他资金 1 221 万元。[2]而目前，法院购买社会服务的资金来源有两个：一是法院内部资金，主要包括财政核拨的办公经费；二是法院外部资金，主要是同级政府的资金支持。一般来说，法院购买社会服务的资金首先来源于法院的财政拨款，以保证办案，但部分资金紧缺且办案压力较大地区的法院，同级政府亦可以给予同级法院购买社会服务一定的资金支持，如广东省广州市天河区人民政府对天河区人民法院中级雇员的人员经费的支持。[3]

三、法院购买社会服务现有模式分析

法院购买社会服务的对象最终体现于各项工作，而所有工作终归由人实施，因而首先统一于“人”。据此，法院现有的向社会购买服务的模式可以从以下两个方面进行分析：一是以“人”为核心的购买模式；二是以“工作”为核心的购买模式。

（一）以“人”为核心的购买模式

1. 承购主体

“人”。这里的“人”，指承购主体或承接主体，一般为个人，也可以为事业单位、公司、非公司法人和非法人组织。

2. 购买内容

“人”的各项审判辅助专业技能。

3. 购买方式

普遍采用合同制，以合同条款约定双方的权利义务，承接方根据合

---

〔1〕 贺巧知：“政府购买公共服务研究”，财政部财政科学研究所 2014 年博士学位论文。

〔2〕 中央党校中央国家机关分校（第 57 期）财政部班第一组：“如何有效推进政府购买服务——广东省政府购买服务工作调研”，载《中国政府采购报》2013 年 9 月 3 日第 4 版。

〔3〕 参见广州市人力资源与社会保障局《广州市天河区人民法院 2015 公开招聘雇员公告》。

同的约定提供的服务内容，即是法院所提供的日常社会服务。

4. 购买模式

普遍采用模式一独立关系竞争性购买模式，参与购买前承接方与法院之间相互独立，通过竞争与法院订立合同，明确双方权利义务，合同订立后承接方直接受到法院的管理、监督、考核和评价。

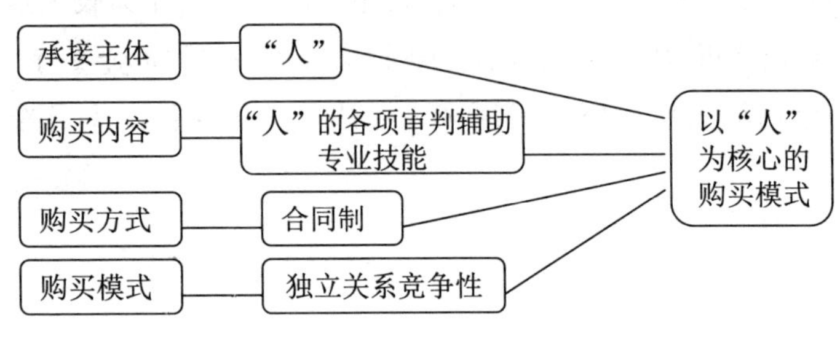

图 4 以“人”为核心的购买模式

5. 现有模式分析

《人民法院工作人员分类管理制度改革意见》明确了法院工作人员的范围：各级人民法院中纳入中央政法专项编制，依法履行审判、审判辅助、司法行政职能，由国家财政负担工资福利，在编在职的除工勤人员以外的人员，具体划分为法官、审判辅助人员、司法行政人员。[1]按照这一概念，为了应对总体不断上涨的案件量，除纳入中央政法专项编制的人员和在编在职的工勤人员（事业编制人员）之外，其他法院工作人员是否可以通过社会服务购买的方式解决，是一个值得探索的路径。

这部分人当中，主要包括两种：处于审判一线的书记员和非审判一线的后勤人员。

以天河区人民法院为例，现有非中央政法编制和非事业编制的书记员和后勤人员主要存在三种用工形式：

一是政府雇员，包括中级雇员和初级雇员，由区人社局统一招录，通过考试后由法院与招录人员签订合同，按照《天河区雇员管理暂行办法》[2]进行管理和使用。

---

〔1〕 详见《人民法院工作人员分类管理制度改革意见》第 2 条第 1 款。

〔2〕 参照 2011 年 8 月 16 日发布的《天河区雇员管理暂行办法》。

二是区财政核拨合同制人员，区政府每年限定法院可以使用的合同制人员的数额，法院按实际使用人数向区政府申报备案，经区政府核准后由区财政按实际使用的人员数额核拨经费。该类人员可由法院自行招录，由法院与招录人员签订用工合同，确定双方权利义务。

三是本院办公经费自行负担人员，除政府雇员、区财政核拨合同制人员以外，法院为弥补人员不足，用自身办公经费负担的合同制人员。该类人员由法院自行招录，自行与招录人员签订用工合同，确定双方权利义务。

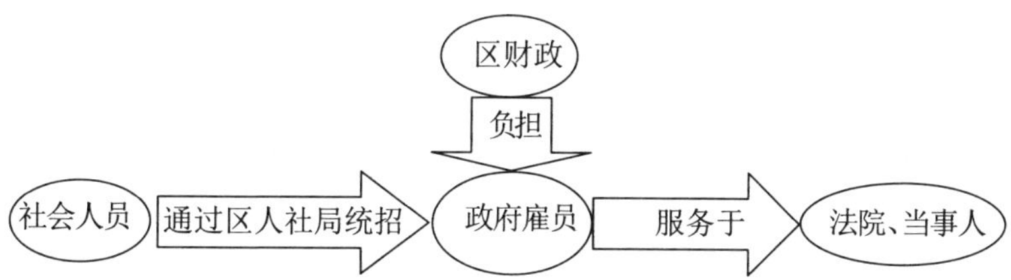

图5　天河区人民法院现有非编人员用工模式一：政府雇员

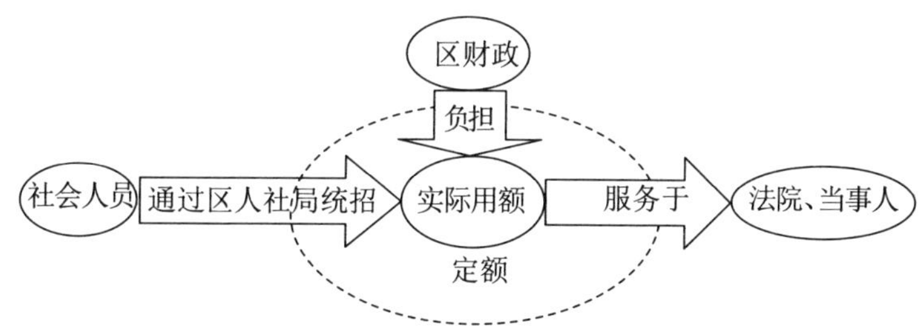

图6　天河区人民法院现有非编人员用工模式二：财政核拨合同制人员

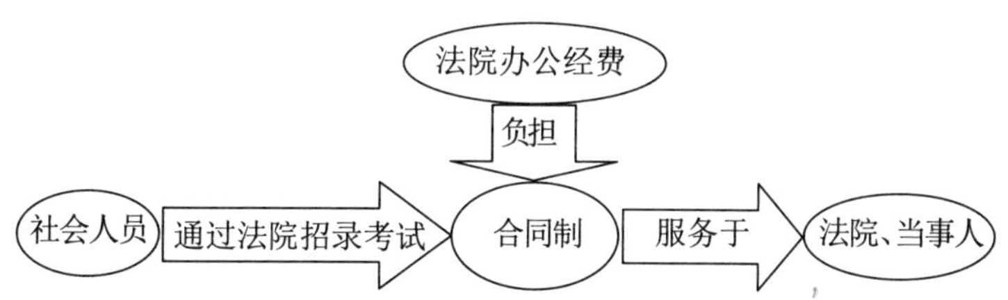

图7　天河区人民法院现有非编人员用工模式三：本院办公经费自行负担人员

上述三类人员招录后由法院统一管理使用和考核评价。此前，其经费实际均来源于同级政府财政。

根据《人民法院第四个五年改革纲要（2014—2018）》[1]，实行各基层法院人、财、物由省级法院统一管理是本轮司法改革的重点内容。按照纲要的既定方案，在未来3年内，省以下各级法院的人、财、物都将由省法院统一调配管理。如此，原来由区财政负担的上述三类用工模式的经费如何解决，能否严格纳入省法院统一管理的经费的范畴，仍存在不确定的因素，该三类人员的使用模式也有可能随之变化。在案件总量逐年上涨的现实情况下，法院对非编人员的使用存在现实需要，非编人员的工作成果实际也可以归纳于法院对本应由其负担的公共服务的转移或分担，从这个意义上，对于上述三类人员使用模式的变更朝社会服务购买模式发展也具有一定的现实可能性和可操作性。

此外，各地法院也大力推进与行政机关、事业单位联动解决社会矛盾纠纷的机制，有的法院专设诉前联调部门，由街道、居委、工商、环境、社保等行政职能部门派驻人员到法院进行纠纷解决方式的疏导和调解。像诉前联调这一类部门的职责范围，本可归类于法院直接向社会提供的社会服务事项之一，该部门人员的配置能否向社会服务购买作延伸，也是值得研究的内容。

（二）以“工作”为核心的购买模式

1. 承接主体

一般为社会组织，法院与社会组织建立购买关系是双方共同选择的结果，社会组织普遍具有良好声誉及业务素质。

2. 购买内容

法院内部不涉及审判权行使但具有公共性的事项，如邮寄送达、电子邮件和网络平台送达、司法服务热线运营等。

3. 购买方式

普遍采用合同制，以合同条款约定双方的权利义务，承接方根据合同约定提供社会服务，替代或为法院提供日常社会服务。

---

〔1〕 详见《人民法院第四个五年改革纲要（2014—2018）》第63项。

4. 购买模式

普遍采用模式一独立关系竞争性购买模式，法院与承接方的关系相互独立，二者不存在依赖关系，法院通过公平竞争选择承接方。也有采用模式二独立关系非竞争性的购买模式，如审计、评估、拍卖等专业事项，承接方承担一定的社会责任，法院只充当监督角色。

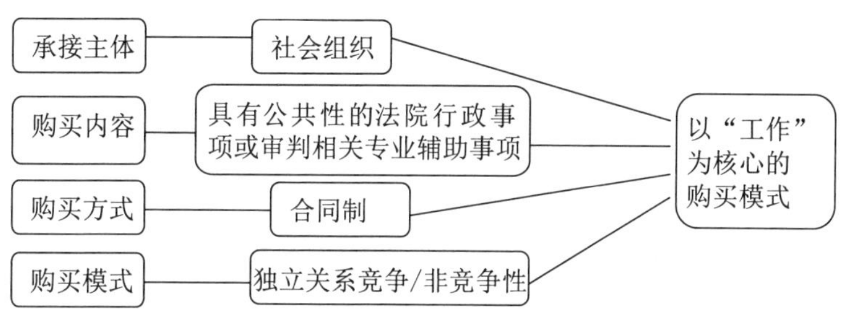

图8　以“工作”为核心的购买模式

5. 现有模式分析

相对于仅帮助法院解决后勤保障的内部行政事务性工作，可以延伸至向社会购买服务的工作必须同时具备公共性，即既要服务于法院，又要服务于可能进入诉讼程序的主体。各地法院对此做了卓有成效的探索，比如北京、上海、广东等地法院推广的12368人工语音诉讼服务平台，向社会公众和当事人提供案件查询、诉讼咨询、联系法官、预约办事、投诉建议等诉讼服务，以电话热线的方式助力法院破解管理难题。又如目前各地法院根据《中华人民共和国民事诉讼法》规定的新的送达方式，择优选择电子邮件运营商配合进行电子邮件送达业务，与此前就使用的法院特快专递业务一样，都是法院购买社会服务，借助社会资源拓展司法服务的表现形式之一。

进行邮寄送达、电子邮件送达、信息网络平台公告送达等送达工作，借力现有专项运营平台是最简便、快捷、有效的路径，其购买模式主要有两种：一是由法院择优选择运营商，与之签订专项业务合同，确定双方权利义务；二是由运营商公平竞争后参与法院该项服务，双方签订专项业务合同，确定双方权利义务。

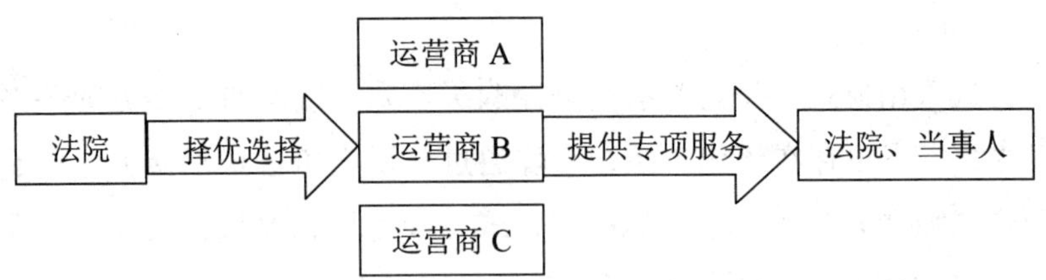

图9　现有以“工作”为核心的购买模式一

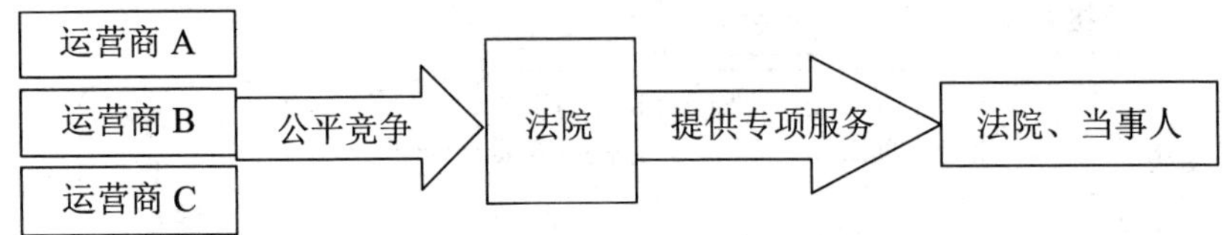

图10　现有以“工作”为核心的购买模式二

上述两种模式中，法院与运营商互相独立，由法院向运营商支付服务费，并对运营商提供的服务进行考核评价。

四、推行法院社会服务购买的意见和建议

由此可见，在明确法院社会服务购买的主体、内容、模式和费用负担等问题后，分析以人和工作为核心的法院社会服务购买模式的重点，在于厘清哪些人员、哪些工作可以纳入购买范围。一方面，《人民法院工作人员分类管理制度改革意见》明确了法院工作人员的范围。而在法院使用编制外人员具有普遍性和必要性的现实情况下，对法院人员作进一步的分类，明确哪些人员可以纳入社会服务购买使用的范围，对于如何发挥法院各类人员的主观能动性，提高工作绩效，缓解案多人少压力，具有重要的意义。另一方面，把法院工作分类为审判核心工作、可以通过社会服务购买实现的工作以及内部行政事务性工作，并细化到每一项工作分工，既能为法院建立社会服务购买制度提供法律可行性论证过程的借鉴，又能使各项工作结合人员分类管理的目标在施行过程中更为清晰顺畅。因此，推行法院社会服务购买是法院司法体制改革的重要、必要举措。为此，特提出以下建议：

（一）认识推行法院社会服务购买的重要性和现实意义

思想是行动的先导。《人民法院第四个五年改革纲要（2014—2018）》[1]已明确提出对社会服务购买的探索，推进法院社会服务购买是一个渐进、有序的过程。在这一过程中，明确改革的方向，紧跟顶层设计所推进的深化改革系统工程，在法院人员分类管理改革不断推进的前提下，充分认识推行法院社会服务购买的重要性和现实意义，旗帜鲜明地推进法院社会服务购买，才能保持下一步的细化进程和具体落实等问题的有效性和正确性，并在实际推行中激发改革创新的动力，鼓励更多具备社会服务资源和能力的主体参与购买社会服务的竞争。

（二）进一步细化法院非审判工作

实践中，社会服务购买模式始终以“人”和“工作”为核心而展开。以“人”为核心的购买模式有现行的《人民法院工作人员分类管理制度改革意见》等文件的指导，但以“工作”为核心的购买模式则缺少了对法院非审判工作的细化指导。有学者认为，审判管理、审判研究、司法统计、行政事务、人事监察等原则上均可以划定为非审判事务[2]，但同时，与审判流程相关并能向社会购买服务的事项，应首先框定在法律规定的框架内，突破法律规定的尝试需要首先通过合法性论证。目前，各地法院对社会服务的购买还处于“摸着石头过河”阶段，其购买社会服务的模式也各有不同，对于哪一类非审判工作适合通过购买社会服务来实现，各地法院都有不同的选择，因此，应总结经验，进一步细化非审判工作，以促进以“工作”为核心的社会服务购买模式的有序发展。

（三）保证法院购买社会服务资金来源

法院购买社会服务的独立性、自主性对于社会服务购买的良性发展是非常必要的。要实现这一点，必须要有独立、充足的经费为法院购买

---

〔1〕 详见《人民法院第四个五年改革纲要（2014—2018）》第48项。

〔2〕 傅郁林：“以职能权责界定为基础的审判人员分类改革”，载《现代法学》2015年第4期。

社会服务[1]作资金支持。我国法院财政保障水平长期处于“吃饭型”状态是一个较为普遍的现象，各地法院缺少针对社会服务购买的资金支持。虽然《人民法院第四个五年改革纲要（2014—2018）》已对法院的财政保障问题出台了方针政策，并在广东等司法改革公开试点省份提出由省级法院统管地方法院财政的构思，[2]但在法院的财政改革当中，缺少了社会服务购买等可由法院自主决定内容的资金安排。因此，为法院提供充足的活动经费和资金支持是法院推行社会服务购买的重要条件和保障。

（四）建立法院购买社会服务机制

建立法院购买社会服务机制，是购买社会服务的制度前提和基础。“政府购买社会工作服务项目的政策越稳定，直至上升到法律法规的层次上，那么政府与非营利组织之间的关系就越稳定；对非营利组织来说它的行为就越稳定，权宜性和策略性的成分就越少……”[3]而相关制度的核心，是法院管理体制框架内的法院内部对购买社会服务的管理制度、运作流程、监督机制等一系列规范性制度的建立。法院应该将购买社会服务纳入法院的管理体系，制定完善的法规体系和监管制度，用制度预防法院在购买社会服务过程中偏离正确轨道的可能，保障该项购买行为达到预期目的。

五、结语

通过法院购买社会服务来减轻法院“案多人少”的困境是一个新的尝试，对于法院购买社会服务的模式研究亦更多的是参考现行政府购买社会服务的模式。但是，法院有其独特性，作为国家的审判机关，在法院人员分类管理的基础上，对法院购买社会服务模式的探究与实践更应

---

〔1〕 左卫民：“中国基层法院财政制度实证研究”，载《中国法学》2015年第1期。

〔2〕 邓新建：“广东公布司法体制改革试点方案”，载《法制日报》2014年11月28日第1版。

〔3〕 陈为雷：“政府和非营利组织项目运作机制、策略和逻辑——对政府购买社会工作服务项目的社会学分析”，载《公共管理学报》2014年第3期。

体现、突出法院作为审判机关与一般政府机构的不同点。因此，在基本模式下，从法院的独特性出发，以人员及工作、服务内容为核心试行与政府机构不一样的社会服务购买模式，是一个良好、有益的尝试，亦是本文所大力推行的。希望通过本文，能给司法改革浪潮中的各级法院一个崭新的改革视角。

购买社会服务：剥离审判辅助事务的反思与重构
——法院人员分类管理背景下破解“案多人少”的地方实践

周方　王念　陈春华[1]

提　要：《人民法院第四个五年改革纲要（2014—2018）》中明确提出“拓宽审判辅助人员的来源渠道，探索以购买社会化服务的方式，优化审判辅助人员结构”。在经济发达地区，法院面临着日益严峻的“案多人少”难题，倒逼部分法院采取购买社会化服务，弥补审判辅助人员不足，实现为法官减负、为审判提速的目的。由于法院司法工作的专业性、特殊性，目前全国法院并无一个蓝本可供借鉴，在探索中存在诸多问题，掌声与争议兼而有之。因此，本文主要以广东省中山市第一人民法院购买社会服务的实践作为分析对象，在法院人员分类管理背景下，通过梳理目前法院购买社会化服务的主要模式，对法院购买社会服务范围及标准进行反思和重构。第一，厘清法官职责——案、判、写，科学剥离审判辅助性事务；第二，确定审判辅助性事务范围，以集约形式购买社会化服务；第三，通过研究提出购买服务的范围、流程和标准，切实实现“管人模式”向“管事模式”的功能转变，有效提升风险防控能力，让法官彻底从繁杂的审判辅助事务中解放出来，专心履行司法裁判职责，通过集约化、专业化、精细化、信息化的管理手段，剥离审判辅助性事务，破解“人少”短板，为法院司法改革提供可行性和规制性的实践样本。

关键词：法院人员分类管理；审判辅助事务；购买社会服务；案多人少；地方实践

〔1〕 作者周方，广东省中山市中级人民法院研究室主任、一级法官，Email：zhoufangjizhe@163. com；作者王念，广东省中山市第一人民法院研究室负责人，Email：27686300@qq. com；作者陈春华，广东省中山市第一人民法院火炬开发区法庭二级法官，Email：120467485@ qq. com。

社会容量和社会密度是分工变化的直接原因……它并不是实现分工的工具，而是实现分工的决定性因素〔1〕。

——埃米尔·涂尔干

社会服务购买是指“政府将原来直接提供的公共服务事项，通过直接拨款或公开招标方式，交给有资质的社会服务机构来完成，最后根据择定者或者中标者所提供的公共服务的数量和质量，来支付服务费。”我国目前的社会服务购买更多是针对政府而言，但是在现行法律规定的框架下，法院探索推行购买社会服务破解“案多人少”矛盾如雨后春笋般出现。为此，亟须分析总结各地法院实践经验，为其理论研究和制度建设奠定基础。本文通过厘清审判辅助性事务的范围，制定购买服务的验收标准，从集约化、专业化、精细化、信息化四个方面着手探索我国审判辅助性事务管理模式的重构。

一、实践考察：购买途径与服务效果的价值评估

《中共中央关于全面深化改革若干重大问题的决定》中明确提出：推广政府购买服务，凡属事务性管理服务，原则上都要引入竞争机制，通过合同、委托等方式向社会购买。近年来，一些法院采取服务外包的方式将部分审判辅助性事务外包出去，以充实审判辅助力量不足之短板。

（一）理论与依据

社会分工与劳动分工。自人类社会开始至今，社会分工越来越明确，劳动分工的方式越来越精细，并以社会分工决定劳动分工，劳动的分工反映社会分工。社会分工意味着对社会运行效率的不满，劳动分工则是

---

〔1〕［法］埃米尔·涂尔干：《社会分工论》，渠敬东译，生活·读书·新知三联书店2017年版，第219~220页。

提高社会运行效率的主要手段。司法改革的目的之一就是解决审判效率问题。表面上解决的是“案多人少”问题，其实深层次是我国社会经济高速发展之下对社会分工、劳动分工要求细化的体现，是人民群众日益增长的诉讼需求对审判精细化分工提高质效的回应。按法国社会学家涂尔干的观点，社会容量和社会密度在客观上表现为不断变大，就意味着分工的登场。法院不能替代整个社会，但其作为社会中的一个单位具有社会属性，社会容量和社会密度实际相当于社会纠纷进入司法程序的案件数量与法院工作人员平均分摊的案件数量。面临“案多人少”的尴尬境地，法院现有整体消化社会纠纷的容量及个人处理纠纷的数量和实际的整体纠纷数量、个人应处理纠纷的数量不匹配。在无法大量增编的情况下，为解决“案多人少”矛盾，对司法辅助性事务的剥离显得尤为必要。单纯内部实行法官专业化制度或者是单纯以常态加班为手段，事实证明是难以为继的。一直以来，党中央都高度重视司法领域的改革，党的十五大、十六大、十七大、十八大提出“进一步深化司法体制改革”，特别是党的十八届三中全会提出“建立符合职业特点的司法人员管理制度”“完善司法人员分类管理制度”，党的十八届四中全会提出“加快建立符合职业特点的法治工作人员管理制度”。此外，最高人民法院于2014年发布的《人民法院第四个五年改革纲要（2014—2018）》明确提出建立分类科学、分工明确、结构合理和符合司法职业特点的法院人员管理制度，鼓励人民法院探索以购买社会化服务的方式，优化审判辅助人员结构。在上述文件的鼓励下，部分法院除了内部走专业化审判道路外，率先开始在外部探索购买社会化服务，剥离审判辅助事务性工作。

（二）方式与类型：派遣方式与交付项目

1. 以派遣方式购买服务

法院根据工作需要，同提供服务的第三方公司签订协议，以劳务派遣方式购买社会化服务，由该公司从社会上招聘工作人员派遣至法院工作，该公司与聘用人员签订劳动合同，以合同形式约定权利义务和工资待遇，法院为提供服务人员缴纳“五险”，经费由法院自行解决。派遣人员由第三方公司管理，人员及编制不属于法院。其关键点在于“购买人员”，将其安排到法院各个庭室的相应岗位，由各庭室负责考核、培训、管理。

2. 以项目交付方式购买服务

根据审判实际分解诉讼流程节点，对应各节点需求将其转化成一个个事务性项目，对符合标准的项目，向社会力量购买服务。其关键在于由劳务派遣的管“人”变为管“事”，即法院与提供服务的第三方公司在合同书中明确双方的权利义务，第三方负责人员的招聘、培训和管理，法院只实施项目的交付、监督、验收。法院除制定操作标准和验收质量外，无参与具体管理等其他工作之必要。

3. 服务范围

整理、装订、归档案卷材料，庭审记录、审判流程系统操作（报结案件、裁判文书上网等）、案件审理过程中记录、财务管理、新闻宣传、文字材料的撰写及向各级机关报送报表及综合材料、机关保洁及安保工作等。二者比较，后者打破前者将外包人员分配各庭室的模式，将其集约化管理，可大幅降低管理成本，以企业化统一管理，革除劳务人员分散派遣到各部门产生的管理混乱、质效不明显、人员需求不断膨胀等问题。

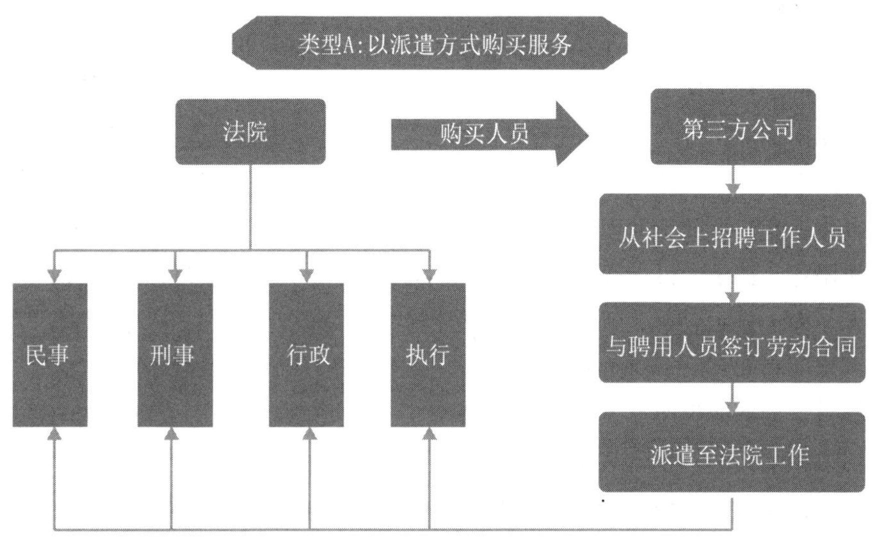

图1　以派遣方式购买服务

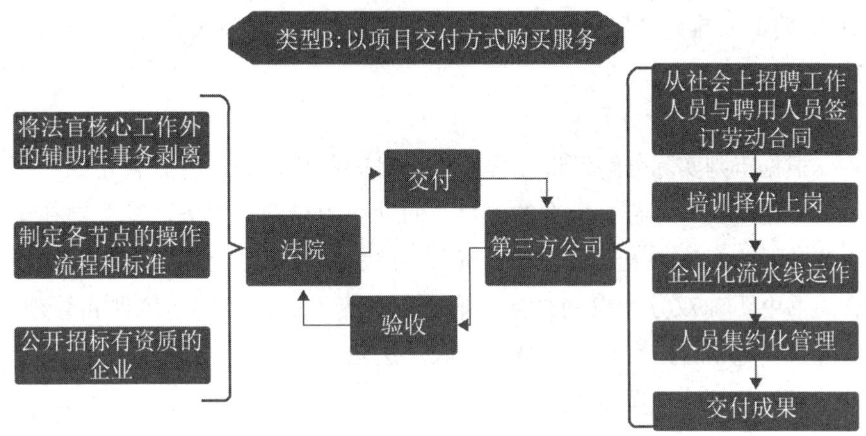

图2 以项目交付方式购买服务

（三）评估：服务质量与效果评价

以珠三角地区的广东省中山市第一人民法院为例，该法院现有公务员编制254人，在编人员237人，其中，法官员额150人，入额法官109人，另有政府雇员等251人。相较人员，近年来中山市第一人民法院受理的案件数激增，2014年受理案件34 905件，2015年受理47 684件，2016年受理68 291件（全国基层法院位列第五），2017年上半年受理48 882件，“案多人少”矛盾突出。自2014年底起，中山市第一人民法院探索通过购买社会化服务（图2），完全剥离审判辅助性事务。通过政府采购，立项申请专项资金，公开招投标确定审判服务提供方，签订一系列外包合同书，审执服务、速录、诉讼服务中心、档案整理等58项工作实现社会化，让法官及其助理发挥专业优势专注审案。仅2017年省财政批拨审执服务、速录、诉讼服务中心、档案整理四个专项服务项目资金共700万元。表1显示效率、效果等各项监控指标持续向好发展，生效案件发改率降低至0.02%，信访率仅0.17%，同比下降0.05%。除了增质、提效，减负方面亦效果明显：2016年至今全院不再安排加班，避免了往年年初即安排加班的不正常现象，有效减轻了法官工作压力。人力上，法官在减少，结案在增加，购买服务力促部门精简；在资金上，2016年和2017年（计划结案6万件）案均成本下降26.96%；在管理上，人岗匹配、安全廉政、干扰风险低、管理成本下降。

表 1 购买社会服务前后办案对比

年份	法官人数	结案		人均结案	
		数量	同比增长	数量	同比增长
2015	131	37 688	22.13%	288	25.86%
2016	115	48 522	28.75%	422	46.66%
2017（1—7 月）	109	29 804	25.11%	273	32.00%（远高于全省人均 86.27 件）

（四）尴尬与困境：市场不足与管理缺位

购买社会化服务对于法院而言是一个新事物，缺乏成熟的可参考经验，让法官从大包大揽的工作模式中解放，实施过程中难免存在问题：①市场、企业、法院自身的困境。法院购买社会化服务完全不同于一般类似后勤服务的购买，市场上暂无匹配的服务提供者。一是因存在问题多而在服务的效果上大打折扣。二是企业对法院提供市场兴趣不大，存在利润风险，能选择企业数量较少，法院不得不在资质上降低标准。三是需要充分的财政支持，省统管的模式下，如何争取项目资金支持。四是服务企业的入场和退出制度不完善；②外包服务风险防控。一是保密。外包人员不属于法院，认同感和归属感较弱。二是人多事杂，实现有效监管需要系统工程。三是外包人员责任追究不明确；③外包人员责任意识。“在政府购买公共服务的情境中，由于政府是资源供给方，社会组织是依赖于政府的资源而获得发展，所以社会组织与政府往往是一种依附式的关系。”[1]劳务派遣公司只是松散管理，外包人员难以树立主体责任意识，以“外人”心态听候差遣，主动性不足；④外包服务队伍不稳定。操作性事务对技术和文化要求门槛低，服务人员待遇一般，无晋升途径，队伍流动性大。

---

〔1〕王才章：“政府购买公共服务中政府与社会组织的关系——一个组织社会学的新制度主义视角”，载《学术论坛》2016 年第 3 期。

二、理性审视：外部机制与内部管理的缺位导入

购买社会化服务，提升司法效能，同时让法官减负，是十分有效的方式，但是在实践中，各地法院为何会踟蹰不前。究其原因有以下几种：

（一）思想认识的局限性：不知“可否购买”

新事物在观念上无法迅速被接受，人民法院在大多数法律人的心中是威严、肃穆、神圣的形象，因此谈及购买社会服务，不少人会认为将法院部分审判事务外包出去缺乏严肃性。向社会购买服务具有诸多优点，但在法律层面是否能买存在疑问。购买社会服务不具有操作性，难以实践。存在局限性的定视偏见观念，在一定程度上会影响到购买社会服务的改革落实。另外，一直未解决法院向社会购买服务的定位、观念和标准。存在争议：一是法官定位问题。法官的核心工作是什么？可以分离出去的事务是什么？二是转变观念，社会高度发展必然是精细分工，一般事务由市场提供是降成本、提质效的最佳选择，法院也必须突破观念障碍。三是建立流程和标准，把对每个节点办理结果的主观要求转化为按章操作即可的客观标准，保证结果是可控的、唯一的、合格的，这是购买社会化服务的核心所在。

（二）立法体系的滞后性：不知“购买什么”

《中华人民共和国政府采购法》《国务院办公厅关于政府向社会力量购买服务的指导意见》（国办发［2013］96号）为规范和指导地方政府购买社会服务提供了政策依据，规定承接政府购买服务的主体包括依法在民政部门登记成立或经国务院批准免予登记的社会组织。从2012年起，中央财政每年列出2亿元的专项资金，连年保持同样预算水平。这些发展表明从地方到中央对政府向社会组织购买服务的积极而审慎。当前，制定的规则主要是针对货物、工程采购，服务采购尤其是政府向社会组织购买公共服务的规定较少，而且多属原则性规定，缺乏细化的实施规

程，缺少关于服务内涵和外延的界定。相较于政府部门，人民法院的探索一直止步不前，一方面法律法规、指导性文件缺失，让基层法院购买社会化服务缺乏操作方向和借鉴蓝本，加上各地法院审判实践情况不一，对购买社会化服务的范围理解不一，存在随意性较大、效果参差不齐的问题。

（三）制度体系的碎片化：不知“向谁购买”

购买社会化服务的前提条件是这项服务在市场上有一定的服务提供者，政府能够以一个公平、有竞争力的价格从市场上获取。同时，这项服务的质量是可以监控和评价的，购买社会服务的成本低于政府部门自己提供的成本，包括人力资本与物质资本。根据《中华人民共和国招标投标法》，采用邀请招标方式的，应当向 3 个以上具备承担招标项目的能力、资信良好的特定的法人或者其他组织发出投标邀请书。“由于潜在承包商数量不足，竞标在公共服务领域，特别是精神卫生服务、抗家庭暴力服务等‘软’的、复杂的社会服务领域内通常无法实现充分竞争。”[1]现实中，具体针对人民法院社会服务的购买市场更不成熟，无论是数量还是质量，均未形成充分的竞争性市场，具有资质的公共服务供给主体数量有限。社会组织数量的不足，使可供委托方外包公共服务的对象选择面狭窄，企业为法院提供服务的能力和信心不足，需要法院与企业一起努力共同培育“供给市场”。

（四）自身管理的随意性：不知“如何管理”

“在合同治理模式下，政府与承包商之间是以合同形式而构建的委托代理关系，政府不再以公共服务的直接生产者和提供者的角色出现，双方彼此在签约之前存在信息非对称，可能存在逆向选择风险，意味着可能没有选出最合适的社会组织从事公共服务生产活动。”即使人民法院将部分审判辅助事务外包出去，也并不影响人民法院对这些事务的受众需要承担相应的法律责任。因此，人民法院仍然需要加强对这些外包出去

---

〔1〕王雁红：“公共服务合同外包：理论逻辑与改革实践”，载《北京航空航天大学学报（社会科学版）》2015 年第 3 期。

的审判辅助事务的进展状况和公共服务生产状况的监督管理。目前我国很多地方政府动态管理和监督机制不完善，甚至还处于缺失状态，既有监管意识不强导致的“不作为”，也有监管能力不足引发的“不善为”，特别是当在服务提供过程中遇到具体技术问题时，政府由于缺乏专业人才，难以对其进行有效监管。

三、制定标准：“管人模式”向“管事模式”的功能转变

将法官的核心工作定位为“审、判、写”，审是开庭，判是签发文书，写是撰写部分判决书。其他案件事务都分离出来集中通过购买社会化服务解决。按照荀子和休谟的人性论来看，过度依赖于人的自觉性对工作的最大程度的促进是很难的。传统“管人模式”存在自觉性不可控的天然缺陷，要解决法院的问题，就要转化思维讨论另一个客观可控要素——事务社会化，即“管事模式”，将法院部分审判辅助性事务外包给企业。

（一）核心化：确定范围和制定标准

法院外包审判辅助性事务的前提是哪些事务可以外包，其核心是确定范围和制定标准，即除行使判断权和法律规定必须由法院工作人员完成的工作外的全部案件事务分离。如民事诉讼法规定，一个民事案件包括如下阶段性工作：诉讼引导、12368 服务热线、立案、信息录入、诉讼中案件材料收转、分案、排期、EMS 业务收寄、制作应诉材料、送达、联系当事人、诉讼保全、证据交换、档案查询、庭前调解、开庭、庭审记录、撰写文书、校对文书、核发文书、文书文印、文书送达、办理上诉、订装移送案卷、网上报结、文书上网、案卷归档、物业管理、档案整理、信息化维护、文印综合事务、信息化处理事务、执行联查失信事务。以上事务均由社会服务人员负责，在符合审判规律的前提下将这些事务分类监管。社会化的第二个重点是制定标准，即把对每个工作节点的办理结果要求转化为按章操作的客观标准，保证购买服务可控、唯一、

合格。严格按政府采购规定公开招标确定具体服务供应商。社会化的基础是资金投入，应积极争取上级法院和当地政府支持，以立项的方式申请项目专项资金。社会化运行的同时，法院内部人员的工作重新整合分配和外包事务的分配极为关键，实践方法内部走集约化、专业化相结合道路，同时以信息化作为配套支撑。

（二）集约化：职责分工与分类管理（图3）

集约化原为经济学术语，是提高工作效益和效率的一种形式。在"案多人少"面前，法院事务的集约化管理包括法官事务的集约化管理、法官助理事务的集约化管理和外包事务的集约化管理。在中山市第一人民法院的购买社会化模式中，审判辅助事务社会化后，根据人尽其用原则，法官只需要做三件事：审、判、写，即开庭、签发文书和撰写部分判决文书。为更好地服务法官，送达、信息录入、庭审排期和记录、统计、委托鉴定和评估、归档等由法院审管办负责。此外，在做好与法官事务的对接的基础上进一步剥离审判辅助性事务，将法官助理的事务集约化管理，法官助理也仅做三件事：管、核、写，即管理法官案件事务、审核审判服务结果和撰写大部分判决书及其他文书。法官助理也将从诸多事务中解放出来，既可以更好地服务法官，提升办案效率和质量，也可以为基层法院培育法官后备力量。法官、法官助理事务集约化管理后，剩余的均为简单的程序性事务，该部分被剥离出来的事务（图3中加重部分）通过社会化方式向社会购买服务。

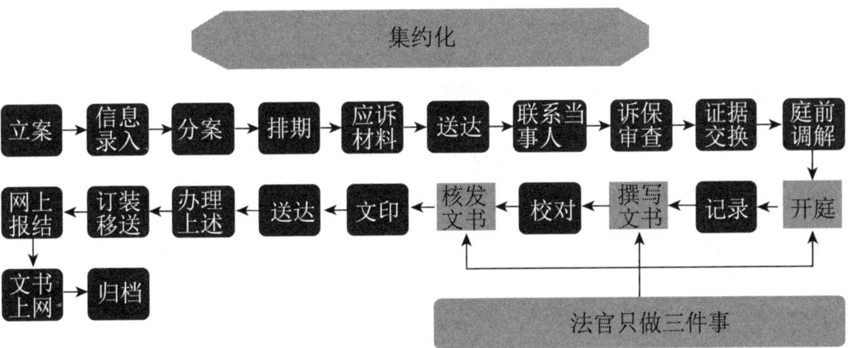

图3　集约化

（三）信息化：专业事务与技术支撑

法院信息化审判服务的专业分工上还存在一定的滞后性。法院审判事务、辅助事务的专业化、集约化必须以各种人工智能、信息工具、网络技术对应的信息化作工具，没有信息技术的运用，无法实现大数据下的繁简分流、事务的集约化管理，也就无法将审判辅助性事务剥离。以中山市第一人民法院送达为例，购买 EMS 送达服务，通过研发专门信息管理系统，实现法院-EMS 数据共享等，原送达组由 18 人削减为 7 人，人力成本降低 61.11%，送达效率提升 22.47%。由管“面”到管“点”的工作方式和管理模式更迭，形成了社会化与信息化相辅相成。

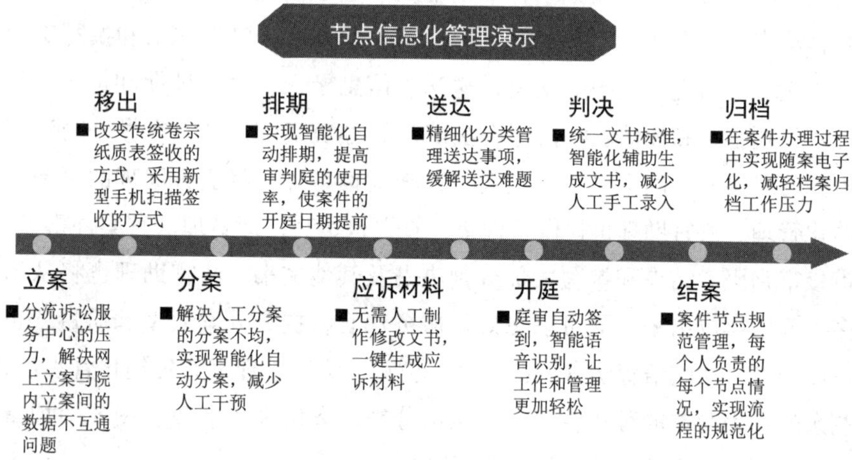

图 4　节点信息化管理演示

（四）专业化：变“全科法官”为“专科法官”

专业化是一个抽取同类项的概念，简而言之即为专业的人做专业的事。在法院的购买社会化模式中，以社会化实现人员分类管理精细化，推进专业化审判发展。一是推进人员分类管理，通过购买社会化服务，形成了法官-法官助理-审判服务团队的层级架构。法官只负责审、判、写，即开庭、签发文书、撰写部分判决书。记录等一般操作性事务外包后，传统的书记员角色已不存在，集体转型为法官助理。法官助理负责管、核、写，即管理法官案件事务、审核审判服务结果、撰写大部分判决书和其他文书。以民间借贷单元为例，法官助理可撰写90%的判决书，成为法官的得力助手和预备梯队。二是组建审判团队，按“3法官+N助理”模式设33个审判单元，形成扁平化管理的审判团队架构。三是推进专业化审判，实行单元案由差异化，以繁简分流、案由相近、人案均衡为原则确定单元管辖案件，由“全科法官”向“专科法官”过渡，各单元最多只有10个案由，单一案由的单元有7个。审判执行专业化、外包事务社会化、人员分工精细化，“让专业的人做专业的事”趋势将更加明显。

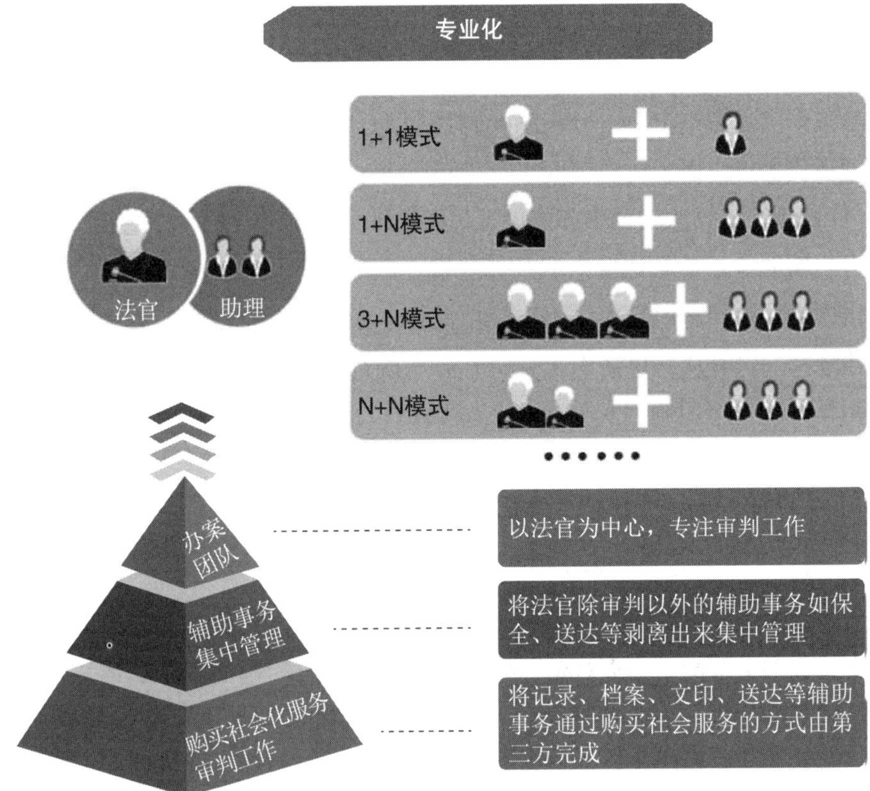

图5 专业化

四、探索展望：审判辅助事务与购买标准的路径选择

（一）理念层面：减负增效的倒逼体现

古人言“穷则思变”，这是对现存问题的一种积极应对的态度。习近平总书记多次强调，“改革是由问题倒逼而产生，又在不断解决问题中而深化”。“案多人少”的矛盾是普遍存在的，这个问题倒逼法院必须改革。“否定之否定规律”，勇于在变革中打破既定，不断反思现在和过去，科学理性探索展望未来。法院探索改革中的重要问题，即审判辅助性事务的服务标准和路径，关乎改革的成效。解决“案多人少”矛盾“要从司法工作实际需要出发，合理确定司法辅助人员规模，防止人浮于事。通过现代科技应用、司法辅助事务外包等办法，可以大幅减少司法辅助人员需求量”，司法辅助事务外包，是司法机关减负增效的重要途径，也是司法辅助事务专业化发展的必然要求。法院工作信息化、社会化、专业化探索的认同和倡导，说明法院辅助性事务外包是符合审判规律的历史性选择。只有从思想认识上认清推行法院社会服务购买现实意义，才能在具体落实中明确目标和方向，鼓励更多社会服务资源主体参与竞争，培育更大的市场供给。

（二）法律层面：购买服务与厘清规则

国务院相关部门和地方政府也制定了相关的部门规章和地方政府规章。在购买范围、购买对象、购买程序等方面有明确的指示，形成了较为成熟的规则。而人民法院对社会服务的购买缺少立法指导下的规则，导致各地法院在购买社会服务中处于茫然状态，亟须全国性法律文件的出台。《中华人民共和国政府采购法》已于 2003 年 1 月 1 日起正式施行，但其对于人民法院而言不具有针对性，且无具体性规定。在立法层面下，由最高人民法院在《中华人民共和国政府采购法》的基础上制定一部采购规则，在运行中加以完善，法律与规则具有一定的稳定性，一旦施行

则长时间难以调整，为各地法院开展探索实践提供依据、奠定基础。

（三）制度层面：市场服务与交易规则

由于法院购买社会服务是一个新的市场行为，市场具有一定的滞后性，需在培育服务市场、筛选服务、购买服务、评价服务等方面形成一定有效机制。

1. 建立法院购买社会服务机制

其核心是法院管理体制框架内的法院内部对购买社会服务的管理机制、运作流程等一系列的规范性制度的建立。法院应该将购买社会服务纳入法院的财政管理体系，制定完整、完善的法规体系和监管制度，为购买社会服务提供制度保障。保证法院购买社会服务资金来源，必须要有独立、充足的经费为购买社会服务作资金支持。各地法院缺少针对社会服务购买的资金支持，必须要切实保障法院拥有充足的活动经费和资金支持。

2. 完善购买社会服务的市场供给

“需要培育和支持社会组织的发展，特别是社区服务类社会组织发展，加强其能力建设，使之成为与政府平等契约合作关系的主体。这需要从政策环境、资金支持、能力投资、价值认同等方面进行治理创新。……加强社会组织综合监督和诚信建设体系，建立社会组织诚信档案，更好地发挥自律、他律、互律作用。”[1]

3. 健全服务企业准入和退出机制

服务市场成熟才有数量更多的竞争企业，通过严格审查企业资质，以公开招标选择最符合法院需求的服务供应商，健全以服务实际效果评价机制，约定的违约责任为企业退出的依据。比如不能满足法院需求达到一定比例，或者外包服务人员工作差错影响到案件质量的，服务提供方应承担对应的违约责任，甚至更换服务提供方。

（四）管理层面：科学管理与风险防控

提高工作效率不是加强监管层面的目的，加强对人员的监管的前提

〔1〕 余佶：“政府向社会组织购买公共服务的风险管理——基于委托代理视角及其超越”，载《马克思主义与现实》2016年第3期。

是该制度运行效果良好，机制运行良好的前提是通过有效行为提前预防可能的风险。

1. 以合同模式购买社会服务

一是法律关系的认定。人民法院与提供服务的第三方公司达成购买社会服务协议，形成委托代理关系，适用合同法的相关规定，[1]即人民法院与服务方之间的委托代理关系、外包服务人员与当事人之间的服务提供与接受关系、人民法院与服务方之间的监督管理关系。二是明确权利义务。双方之间形成平等的契约关系，任何一方违约都要向守约方承担违约责任。在惩罚约束方面，坚持以服务提供方的考核为主，以人民法院监督、协助考核为辅的模式，让服务方履行管理职责，及时跟进各外包服务人员的具体工作情况，实行台账管理，并及时向服务提供方反馈外包服务人员的工作实绩，对于累计出错达到一定比例的要给予对应的惩罚措施，即造成一定程度后果的情况下法院可以依据民法或者刑法追究其相应的民事责任或者刑事责任，进而提高外包人员责任意识和保密意识。

2. 提高服务企业管理水平

法院废摒大包大揽，由传统的管“人”变为管“事”，依托合同明确双方的权利义务，服务方负责人员的招聘、培训和企业化管理，法院只实施项目的交付、监督、验收，达到简政放权的目的。

3. 分解流程，风险可控

将每个案件的处理程序分解成若干个节点，形成流水线作业。在社会化服务区域，安装现场录音录像设备，在关键区域实时监控、取证，杜绝违规行为，由“案件管理”变更为“节点管理”，将每个社会化服务节点流水线式运作解决安全风险，能有效防止审判信息泄露等问题。从中山市第一人民法院的操作模式来看，琐碎的操作性事务剥离出来通过购买社会化服务解决，因各节点都是流水线作业，至今未发生审判信息泄露事件。

4. 制作标准规范操作，确保高效有序运作

中山市第一人民法院针对购买的社会化服务建立了包括审判服务、

---

[1] 王泽鉴：《债法原理》（第2版），北京大学出版社2013年版，第284页。

执行服务、送达服务、速录服务、档案服务五大板块的操作规范 26 个，涉及近千个流程节点，总字数逾 15 万字，内容涵盖送达、信息录入、庭审排期和记录、统计、委托鉴定和评估、归档等实操指引，如《民商事、行政、刑事审判服务人员工作项明细》清晰定位外包人员流水线工作时各节点操作内容和具体职责；《民商事、行政、刑事审判分案规则》确定了外包团队如何精准将立案庭移交的案件分配给各审判团队办理；《EMS 送达延伸服务协议》精细化规定了 EMS 的服务内容、范围、时限和服务流程、贴示法律文书及拍照标准等，做到每一个节点都有一套对应的标准化操作制度，每一个外包人员都能根据制度迅速上岗高效工作。

五、结语

社会高度发展必然要求精细分工，让专业的人做专业的事才能发挥最大效能。司法辅助事务外包，是司法机关减负增效的重要途径，也是司法辅助事务专业化发展的必然选择。实践证明，法院购买社会化服务作为解决“人力”短板的新模式，能以最低的成本，高效解决“案多人少”问题。但任何新生事物均存在不断完善的过程，该制度尚存立法、理论、制度和管理层面等困难，其功能的发挥依赖众多外界因素，不仅需要法院自觉尝试，更需要国家立法、理论、法律制度和相应机构的支撑。司法改革的大舞台上，没有独角戏，只有协奏曲，而这个过程仍需社会各界和司法人的不懈努力。

路在何方：我国法官助理制度改革的实证图景及优化进路

卢德升　朱亚楠[1]

提　要：能否建立健全法官助理制度，对法官员额制、司法人员分类管理等多项改革任务具有重要影响。本文以广东省142份问卷调查为基础，以政法编法官助理为视角，在全面深化司法改革的背景下，实证分析我国法官助理制度改革的实践样态，剖析改革产生的实践偏失及其原因，探索我国法官助理制度改革的具体路径。

关键词：法官助理；司法改革；实践偏失；实证研究

一、研究的命题、背景及方法

法官助理，是指协助法官从事审判业务的辅助人员。本文对来自广东省8家中级人民法院38家基层法院的142名司法辅助人员（134名政法编书记员，5名执行员，3名法警）进行问卷调查，并以此为基础，以编内法官助理为视角，在全面深化司法改革的背景下，实证分析我国法官助理制度改革的实践样态，剖析法官助理制度改革产生的实践偏失及其原因，探索我国法官助理制度改革的具体路径。

法官助理制度改革是最高人民法院在过去十余年着力推动的分类改

---

〔1〕 作者卢德升，广东省广州市从化区人民法院法官助理，Email：lds1988@126.com；作者朱亚楠，广州南洋理工职业学院服装与设计学院教师。

革之一。此项改革肇始于 1999 年《人民法院五年改革纲要》。2004 年，最高人民法院确定了 18 个试点法院。2005 年，《人民法院第二个五年改革纲要（2004—2008）》提出在总结试点经验的基础上，逐步建立法官助理制度。2008 年，试点扩大到 814 个基层法院。2009 年，《人民法院第三个五年改革纲要（2009—2013）》强调建立健全法官助理绩效和岗位目标考核管理体系。2014 年，《人民法院第四个五年改革纲要（2014—2018）》规定健全法官助理、书记员、执行员等审判辅助人员管理制度。2014 年 9 月 5 日上海举行首批法官助理任命大会，[1]标志着法官助理制度改革在全面深化司法改革（下文简称“新司改”）进程中迈出了重要一步。

新司改下法官助理制度改革试点工作开展得如火如荼。广东省高院出台《全省法院法官助理改革试点工作指导意见》，随后广东省广州中院出台《审判辅助人员管理改革方案》及《法官助理管理办法》。方案明确提出，法官助理、书记员的配置应以满足审判需要为原则，案件数量多的法官要配备 2 名以上的法官助理及 2 名以上的书记员。[2]据该院副院长介绍，在市委、市政府支持下，该院先后 3 次共招录法官助理 143 名，而且待遇还得到适当提高。

然而，法官助理作为法官助理制度改革的核心利益者，其利益受改革直接影响，反过来也能直接影响改革的成败得失。当改革符合司法人员（包括法官助理）的利益和预期时，他们就会更加主动地去落实改革的任务；当改革不符合预期时，他们就会“用脚投票”或者以其他方式抵制。[3]据南方周末报道，不仅法官流失，助理也流失，珠三角某法院的法官助理、书记员自 2011 年后每年都会走上几个甚至十几个。[4]

在上述背景之下，为切实了解新司改中政法编书记员对法官助理制

〔1〕 参见卫建萍：“司法体制改革试点迈出重要一步——上海任命首批 231 名法官助理”，载《人民法院报》2014 年 9 月 7 日第 1 版。
〔2〕 参见龚德家、杨晓梅、马伟锋：“助理到位 法官归位”，载《人民法院报》2015 年 7 月 22 日第 1 版。
〔3〕 程金华：“检察人员对分类管理改革的立场——以问卷调查为基础”，载《法学研究》2015 年第 4 期。
〔4〕 参见滑璇：“法官流失，助理也流失 留住法官助理”，载 http://www.infzm.com/content/111094，访问时间：2016 年 6 月 19 日。

度改革的立场和看法，借助 2016 年 5 月广东省预备法官培训的机会，本文对 157 位学员进行问卷调查，并辅以个别谈话等形式。本文实证研究的数据就是由这些调查问卷整理而来。

本次问卷调查对象共计有广东省 8 家中院 38 家基层院的 157 位司法辅助人员，包括政法编书记员 146 名，执行员 5 名，法警 6 名。这些调查对象有来自珠三角地区的，也有来自粤东、粤西、粤北等非珠三角地区的；有来自地市级中院的，也有来自区县级基层院的；所在单位有实施法官助理改革的，也有未实施的。恰好权衡了以下几方面因素：发达地区和非发达地区兼顾，地市级单位和区县级单位兼顾，有法官助理改革经验和没有类似经验的兼顾。本次发放问卷 157 份，收回有效问卷 142 份（政法编书记员 134 名，执行员 5 名，法警 3 名），基本数据详见表 1。

表 1

问卷样本	回收有效问卷 142 份（部分受访人员对个别问题没有回答）
调查单位	广东省 46 家中基层法院（8 家地市级中院，38 家区县级基层院）
性别分布	其中 137 人报告了性别信息，包括男性 64 人（46.72%），女性 73 人（53.28%）
人员分布	地市级中院 24 人（16.90%）；区县级基层院 118 人（83.10%），其中派出法庭 28 人（19.72%）
地区分布	珠三角地区 76 人（53.52%），非珠三角地区 66 人（46.48%）
年龄分布	20—25 周岁之间 44 人（30.99%），25—30 周岁 74 人（52.11%），大于 30 周岁 24 人（16.90%）
岗位分布	法官助理 31 人（21.83%），书记员 87 人（61.27%），执行员 5 人（3.52%），法警 3 人（2.11%），其他非业务岗 16 人（11.27%）
职级分布	办事员 29 人（20.42%），科员 100 人（70.42%），副科 10 人（7.04%），正科 3 人（2.11%）
教育状况	硕士 39 人（27.46%），本科 103 人（72.54%）；法学专业 128 人（90.14%），非法学专业 14 人（9.86%）

续表

问卷样本	回收有效问卷142份（部分受访人员对个别问题没有回答）
工作经历	法院工作年限1—5年115人（80.99%），4—6年11人（7.75%），7—10年10人（7.04%），10年以上6人（4.23%）；其中应届毕业直接进法院的87人（61.27%），进法院前有相关工作经验的48人（33.80%）
年薪状况	5万元以下的20人（14.08%），5万元—10万元的81人（57.04%），11万元—15万元的34人（23.94%），16万元—20万元的7人（4.93%）

二、法官助理制度改革的实证图景

（一）法官助理制度改革的宏观概览

1. 法官助理基本情况：职级低、待遇低、年龄低，高学历

综合分析表1的基本数据，不难发现法官助理（包括书记员）具有“职级低、待遇低、年龄低，高学历”的“三低一高”特点。第一，职级低。在受访人员中，办事员29人（20.42%），科员100人（70.42%），副科10人（7.04%），正科3人（2.11%）。第二，待遇低。根据调查，包括住房公积金等福利在内，受访人员的年薪5万元以下的20人（14.08%），5万元—10万元的81人（57.04%），11万元—15万元的34人（23.94%），16万元—20万元的7人（4.93%）。在工作中遇到的烦恼中116人（81.69%）选了薪酬福利低，相对收入低。第三，年纪较轻。20—25周岁之间44人（30.99%），25—30周岁74人（52.11%），大于30周岁24人（16.90%）。第四，学历高。硕士39人（27.46%），本科103人（72.54%）；法学专业128人（90.14%），且都已通过国家法律职业资格考试。

2. 法官助理的工作状态：案多人少，工作负荷重，工作满意度一般

第一，案多人少，经常加班，工作负荷重。一方面，办案任务极其繁重。受访人员中138人回答了此问题，受访人员所在庭室或法院2015年法官人均结案数为50以下的13人（9.42%），在50—100之间的30人

(21.74%)，在101—150之间的26人（18.84%），在151—200之间的16人（11.59%），在201—300之间的30人（21.74%），大于300的23人（16.67%）。另一方面，办案人少，人案矛盾突出。根据调查，所在庭室法官与法官助理、书记员的配比为1:1:1的38人（26.76%），配比为2:1:1的56人（39.44%），配比为3:1:1的37人（26.06%），配比为1:2:2的11人（7.75%）。在工作中遇到的烦恼中104人（73.24%）选了案多人少，经常加班。

第二，法官助理对目前工作满意度一般。一方面，受访人员的工作满意度较低。对所从事工作很不满意的9人（6.34%），不太满意的40人（28.17%），一般满意的69人（48.59%），总体满意的24人（16.90%）。另一方面，对所从事工作不满意主要集中于以下几个方面：薪酬福利低，相对收入低116人（81.69%）；发展通道狭窄112人（78.87%）；案多人少、经常加班104人（73.24%）；职业保障弱、无尊荣感95人（66.90%）；身份模糊、职责不明83人（58.45%）；选择权责利不对等82人（57.75%）。

3. 法官助理对司法改革的立场：积极性较高，转岗意愿强，信心度较低

第一，受访人员对包括法官助理制度在内的新司改积极性较高，但部分人员转岗意愿强。一方面，新司改中愿意成为法官助理的89人（62.68%），积极性较高。另一方面，转岗人数虽然不多，但趋势猛、增长快。部分法官助理（书记员）转司法行政岗意愿强烈。愿意成为司法行政人员的23人（16.20%），比从事非业务岗的16人多出7人，增长43.75%；少数人想转法警岗。愿意成为司法警察的8人（5.63%），比目前从事司法警察岗的3人多出5人，增长166.67%，可能与法警事少、加工资有关；转司法技术岗意愿较强，愿意成为司法技术人员的12人；执行员岗位吸引力较大。愿意成为执行员的10人（7.04%），比目前从事执行员岗的5人多出5人，足足增加了一倍。

第二，受访人员认为司法改革的前景不太乐观。首先，受访人员对司法改革信心度较低。对司法改革信心一般的62人（43.66%），较有信心的12人（8.45%），综合来说对新司改有信心的74人，占比52.11%；选择一点点的10人（7.04%），选择不好说的58人（40.85%），综合来

说对新司改没有信心的68人，占比47.89%。

第三，受访人员的入额意愿不太强烈。法官员额制是此次司改的重中之重，依照司改的逻辑，入额法官应是“香饽饽”，但受访人员的入额意愿并不如想象中的那么强烈。若有机会入额，选择入额的90人，占比63.38%；选择看情况而定的48人，占比33.80%，选择不愿意的4人，占比2.82%，两者合计36.62%。

最后，“马彩云法官被枪杀”一事影响较大。关于“马彩云法官被枪杀”一事对受访人员的影响，54人选择影响一般，占比38.03%，61人选择触动较大，占比42.96%，9人选择触动很大，动过离职念头，占比6.34%，只有18人选择了一点点，占比12.68%。由此可见，马彩云一事凉了部分办案人员的心，导致部分人员转岗意愿较强，比如转向不用接触当事人的司法行政岗、司法技术岗。

（二）法官助理制度改革的微观透视

上文从宏观角度分析了法官助理的基本情况、工作状态以及对司法改革的立场，下文从微观角度分析受访人员对法官助理制度改革内容的认识和立场。

1. 法官助理的来源、配比与任职条件

首先，法官助理的来源主要是内部调岗和招录合同制人员。调查中，127人选择单位编内现有人员调岗，占比89.44%；56人选择政府财政支持招录编外人员，占比39.44%，还有8人选择免费实习生，占比5.63%。

其次，法官、法官助理、书记员（速录员）的配比大致呈倒金字塔型。根据调查，所在庭室法官、法官助理与书记员的配比为1∶1∶1的38人，占比26.76%；配比为2∶1∶1的56人，占比39.44%；配比为3∶1∶1的37人，占比26.06%；配比为1∶2∶2的11人占比7.75%。由此可见，法官助理和书记员人员储备不足。

再次，大部分受访人员认为通过司法考试是法官助理的任职条件之一。调查中，135人认为法官助理应通过国家司法考试，占比95.07%，只有7人认为不需要，占比4.93%。

2. 法官助理的职责及其与法官、书记员之间的关系和职责交叉

第一，法官助理的职责，包括法官助理要不要参与庭审、要不要草拟法律文书、要不要在裁判文书上署名、可不可调解四个问题。首先，法官助理要不要参与庭审？调查中，38人选择非常必要，占比26.76%；61人选了选择性参与，占比42.96%；27人认为有固定座席应参与，占比19.01%；16人选择没必要，占比11.27%。综合来看，大部分人认为法官助理应该参与庭审。其次，法官助理要不要草拟裁判文书？问卷调查统计结果显示，52人认为不应硬性规定，占比36.62%；50人认为可作为权利，经法官同意后可草拟，占比35.21%；40人认为是应尽职责，占比28.17%。可见，大部分人倾向于把草拟裁判文书作为法官助理的权利而不是职责。再次，法官助理要不要在裁判文书上署名？60人选择应该以法官助理身份署名，占比42.25%；24人选择不应署名，占比16.90%；28人选择可要可不要，占比19.72%；30人选择没必要署名，占比21.13%。整体来看，不同意署名的人数较多一些。最后，法官助理可不可以调解？调查中，11人选择不可以对案件进行调解，占比7.75%；95人选择可在法官指导下调解，占比66.90%；36人选择可以单独调解，占比25.35%。由上可见，大部分认为法官助理可在法官指导下对案件进行调解。

第二，法官和法官助理的关系及其职责交叉。首先，法官和法官助理的关系问题。根据调查，68人选择各司其职，各负其责，占比47.89%；28人选择师徒关系，占比19.72%；30人选择协作监督关系，占比21.13%；16人选择上下级关系，占比11.27%。可见，大部分受访者认为法官和法官助理是协作监督关系，各司其职，各负其责。其次，法官和法官助理的职责交叉问题。调查中，109人选择草拟法律文书，占比76.76%；87人选择案件调解，占比61.27%；80人选择判后答疑和接待当事人，占比56.34%；79人选择调查取证，占比55.63%；57人选择财产保全、委托鉴定、评估等事务，占比40.14%；46人选择准备案件相关材料，占比32.39%；33人选择文书公开，占比23.24%。由此看来，就受访者来说，法官和法官助理职责交叉的地方主要在于草拟法律文书、案件调解、判后答疑、调查取证和接待当事人。

第三，法官助理和书记员的关系及其职责交叉。首先，法官助理和书记员的关系问题。据调查，98人选择各司其职，各负其责，占比

69.01%；28 人选择协作监督关系，占比 19.72%；14 人选择指导关系，占比 9.86%；2 人选择上下级关系，占比 1.41%。由此可见，大部分受访者认为法官助理和书记员是各司其职，各负其责。其次，法官助理和书记员的职责交叉问题。问卷统计数据显示，114 人选择送达诉讼材料，占比 80.28%；107 人选择排期，送达开庭传票，占比 75.35%；106 人选择装档归档，占比 74.65%；95 人选择开庭记录，占比 66.90%；72 人选择协助法官调查取证和准备案件相关材料，占比 50.70%；67 人选择接待当事人，占比 47.18%。由以上数据可知，法官助理和书记员的职责定位极为不清，职责交叉的地方较多，主要集中于送达、装档归档、开庭记录、协助法官调查取证、准备案件相关材料。

3. 法官助理的晋升、保障和管理

第一，法官助理的晋升。首先，法官助理晋升初任法官的年限。关于法官助理晋升初任法官比较合适的年限，61 人选择 1—3 年，占比 42.96%；75 人选择 4—6 年，占比 52.82%；2 人选择 7—10 年，占比 1.41%；4 人选择 10 年以上，占比 2.82%。大部分受访者认为法官助理晋升法官的合适年限不超过 6 年。另一方面，关于调查单位中未被提为助审的书记员（法官助理）的最长工作年限，6 人选择 1—3 年，占比 4.23%；49 人选择 3—5 年，占比 34.51%；24 人选择 5—8 年，占比 16.90%；28 人选择 8 年以上，占比 19.72%，35 人没有作答。可见，实际情况中法官助理晋升初任法官的年限并不能满足受访人员的期待。其次，法官助理晋升入额法官的意愿。如上文所述，若有机会入额，选择入额的 90 人，占比 63.38%；选择看情况而定的 48 人，占比 33.80%，选择不愿意的 4 人，占比 2.82%，两者合计 36.62%。可见法官助理晋升入额法官的意愿不太强烈，一定程度上与司法改革预定的初衷相悖。

第二，法官助理的保障。上文已述，受访人员的工作满意度较低。其中，不满意的一个重要方面就是职业保障不够。调查中，142 人中有 95 人选择职业保障弱、无尊荣感，占比 66.90%。另外，“马彩云法官被枪杀”一事影响较大。

第三，法官助理的管理。受访中，62 人认为法官助理应对法官负责，占比 43.66%；80 人认为法官助理应对法院负责，占比 56.34%。可见在法官助理的管理中，法院和法官不可或缺。在法官对法官助理的考核问题上，19 人认为法官对法官助理的考核具有决定权，占比 13.38%；123 人认为法官对法官助理的考核有建议权，占比 86.62%。可知，大部分受访人员认为在法官助理的考核方面，法官具有建议权，而不是决定权。

三、法官助理制度改革的实践偏失及其原因

（一）法官助理制度改革的实践偏失

1. 缺位：法律依据空白，缺乏统一规范

虽然法官助理制度改革进行得如火如荼，但法官助理制度建设的法律依据空白，缺乏统一规范。截至目前，我国《法官法》《人民法院组织法》和三大诉讼法中均未明确规定法官助理制度。与书记员不同，法官助理是一个全新的职位，在立法上一直没有得到官方的认可。当前改革的依据大都是最高人民法院出台的若干司法文件，但在法律层面，法官助理的职业性质、任职资格、职责定位等均无统一、明确的依据。

2. 越位：任职条件过高，人员储备不足

虽然最高人民法院的司法文件对法官助理的任职条件进行了详细规定〔1〕，但在实际选任法官助理时的条件却远比这要高，基本参照初任法官的任职条件。部分法院规定：法官助理的任职条件原则上须同时符合大学本科以上学历（有的甚至直接要求硕士研究生学历）、具有法律专业知识、通过公务员考试且通过国家司法考试取得法律职业资格证书等几项严格的条件。如此严苛的选任条件可能会造成招录人员困难，难以大规模增加和补充法官助理。再加上前文已述法官、法官助理、书记员（速录员）的配比大致呈倒金字塔型，法官助理人员数量严重不足。一方面需要增加法官助理，另一方面招不来法官助理，极不利于司法改革后审判工作的开展。

3. 错位：职责定位不清，考核机制混乱

一方面，法官助理的职责定位不清。前文已经述及法官、法官助理

---

〔1〕 参见《最高人民法院关于在部分地方人民法院开展法官助理试点工作的意见》第 5 条。

和书记员的关系有待理顺，职责交叉较多。法官和法官助理职责交叉的地方主要在于草拟法律文书、案件调解、判后答疑、调查取证和接待当事人。法官助理和书记员的职责定位极为不清，职责交叉的地方较多，主要集中于送达、装档归档、开庭记录、协助法官调查取证、准备案件相关材料。同样，西安中院对西安市两级法院200余份调查问卷的统计分析显示，[1]法官助理和书记员在记录（61%）、送达诉讼材料（56%）、准备案件相关材料（55%）。虽然试点法院参照最高人民法院关于法官助理职责的规定[2]出台了部分文件，但受法律依据不统一、案多人少等因素的影响，试点过程中并未严格按照分类管理推进，部分法院甚至明文规定因工作需要，法官助理可以代行书记员职责。[3]法官、法官助理和书记员分工不清、职责混同的现象依然存在，未能有效实现专业化分工。另一方面，法官助理考核机制混乱。法官助理从事的审判辅助事务、工作内容庞杂，再加上极易和法官、书记员职责混同，不易进行量化考核，因此，大多数法院法官助理的考核和法官考核差不多，须按照《公务员法》等相关法律法规统一管理，在评奖评优方面和法官处于同一序列，行政色彩浓厚，并未建立单独序列考核机制。

4. 失位：保障机制匮乏，晋升空间狭窄

一方面，由于体制机制原因，我国司法人员（包括法官、法官助理和书记员）的保障机制匮乏。前文已经述及职业保障弱、无尊荣感是法官助理对工作不满意的重要方面。新司改之后，崔慧诬陷法官、齐奇大法官被宋城集团以舞台剧的形式举报、金华胡克胜法官被停职、十堰中院四名法官被当事人捅伤以及“马彩云法官被枪杀”等有损法官尊荣和人身安全的事件轮番上演，更是暴露了司法人员保障机制匮乏。另一方面，法官助理晋升空间狭窄。新司改实行法官员额制，成长路径由以往的“书记员→助理审判员→审判员”变成了“书记员→初级法官助理→中级法官助理→高级法官助理”，晋升时间拉长，晋升空间变窄。目前对于法官助理的待遇、履职保障、晋升条件、能否晋升员额法官、法官助

〔1〕 参见康宝奇等：“审判资源配置新视角：‘外援型’法官助理模式运行之检讨及型构”，载《法律适用》2010年第11期。

〔2〕 参见《最高人民法院关于在部分地方人民法院开展法官助理试点工作的意见》第4条第3款。

〔3〕 参见广东省高级人民法院《全省法院法官助理改革试点工作指导意见》第3条。

理退出机制以及转任、交流机制等问题均未明确规定。如果不能为法官助理提供有效的职业保障，在制度设计中充分调动法官助理的积极性，那么法官职业化改革后面临的首要问题就是法官助理中精英人员的大量流失。〔1〕

5. 虚位：人员流失加剧，岗位热度下降

第一，人员流失加剧。“除积极的抵抗之外，也存在消极的抵抗方式，最消极的方式是逃遁——采取逃避的方式选择离开。”〔2〕“尤其现在控制法官员额，不仅助理升成法官更难了，一部分法官还得重新回去做助理”，〔3〕更是让法官助理感到惶惑，何时能成为法官还是未知数。部分年轻法官担心当下的改革可能导致其由法官降为法官助理，因而选择出走。人员流失加剧导致法官助理更加紧缺。广东省法院改革后，至少需要法官助理 7 995 人，而目前在编法官助理 357 人，缺口 7 638 人，即使首批不能入额的法官 3 116 人全部转为助理，仍然缺 4 522 人。〔4〕

第二，法官助理岗位热度下降，吸引力度不够。以广州市两级法院为例，2014 年以前，法院的同等条件招录政法编制法官助理，报名比例一般在 30∶1 或者 40∶1；2016 年报名的考生共 497 人，计划招录 45 人，平均报考比例约为 10∶1。广州市 11 个区的基层法院总体报考比例约为 8∶1。同时，部分基层法院人民法庭、业务庭法官助理等岗位报考比例不达标，达不到开考要求，可能会取消招录计划。〔5〕

（二）法官助理制度改革实践偏失的原因

1. 体制困局：改革缺乏人事和薪酬体制支持

有学者在总结前一阶段法院人员分类管理改革（包括法官助理）未

〔1〕刘茵、宋毅：“法官助理分类分级管理和职业化发展新模式研究——以北京市第三中级人民法院司法改革试点实践经验为基础”，载《法律适用》2016 年第 5 期。

〔2〕张建伟：“司法体制改革中的利益纠葛”，载《东方法学》2014 年第 5 期。

〔3〕参见滑璇：“法官流失，助理也流失 留住法官助理”，载 http://www.infzm.com/content/111094，访问时间：2016 年 6 月 19 日。

〔4〕参见薛江华：“全省法官助理缺位高达 4522 人”，载《羊城晚报》2016 年 1 月 22 日第 8 版。

〔5〕参见“有志于从事法律工作的年轻人，广州中院等你来”，登载于广州中院微信公众号，访问时间：2016 年 4 月 7 日。

能成功时就指出，“主要原因在于这项改革会引发大规模的人事变动，涉及面广，牵涉利益多，且缺乏相应的人事支持和财政经费保障”。〔1〕法官助理改革亦是如此。法官助理在立法上一直没有得到官方的认可。2003年最高人民法院《关于人民法院法官助理若干问题的规定（征求意见稿）》因缺乏体制支持最终未能出台；2008年《人民法院组织法》修订时一度盛传法官助理的身份有望得以“名正言顺”，然而最终立法修订“忽视”法官助理，不为其正名。名不正则言不顺，法官助理尴尬的地位使得对其选任、招聘、晋升、考核等配套机制的构建遭遇更大的制度阻力。〔2〕这也使得法官助理改革似乎总是“雷声大雨点小”。

2. 界限不清：审判核心事务和审判辅助事务混同

（1）立法现状：规则缺位。审判核心事务和审判辅助事务的区分仅限于学术上的理论研讨，〔3〕并没有得到立法上的承认。我国现行《法官法》《人民法院组织法》等相关立法和规则均未严格界定审判核心事务和审判辅助事务，二者应否区分、区分的标准及其承担主体均不明确。〔4〕由于立法和相关规则的缺位，导致各地法院在试点过程中各自为政，各行其是，司法实践较为混乱。

（2）司法现状：界限模糊。按照新司改的逻辑，法官承担审判核心事务，法官助理和书记员承担审判辅助事务，但司法实践并非如此。有的法官助理成了“助理法官”“隐名法官”，干了法官本应承担的审判核心事务，造成“审者不判，判者不审”，与“审理者裁判，裁判者负责”相悖。有的法官助理，“助而不理，理而不能”，迫使法官不得不干助理甚至书记员的活，深陷于辅助性事务“难以自拔”。

3. 配置模糊：法官助理与法官、书记员的定位不清，分工不明

（1）法官助理和法官定位不清，分工不明。一方面，如前文所述，法官和法官助理的关系定位不清。另一方面，法官和法官助理分工不明。多数法院规定法官助理行使除由法官享有的开庭审理和裁判以外的权力，

〔1〕徐昕等：“中国司法改革年度报告（2014）”，载《政法论坛》2015年第3期。
〔2〕王禄生：“法院人员分类管理体制与机制转型研究”，载《比较法研究》2016年第1期。
〔3〕参见邹碧华：“审判事务的分工与法官辅助人员的配置探讨”，载《法律适用（国家法官学院学报）》2002年第12期。
〔4〕叶锋：“司法改革视野下审判辅助事务管理模式初探”，载《东方法学》2015年第3期。

主要是配合法官办案，工作由法官根据需要安排，法官的主观随意性和个人喜好决定了法官助理该做什么不该做什么。法官助理感觉不到自己的独立人格，工作缺乏主动性，责任意识淡薄。〔1〕这种模式的极端表现是法官助理完全沦为法官的个人秘书，使法官助理成为摆设，不仅降低审判效率，而且增加法官工作量。这种模式的另一极端就是法官助理成"隐名法官"，变相办案，"戴着法官助理的帽子，干着法官的活，拿着法官助理的待遇"，有可能损害司法裁判质量。

（2）法官助理和书记员定位不清，分工不明。虽然《人民法院书记员管理办法（试行）》第2条规定了书记员的职责范围，但在实施过程中，由于书记员职责中关于庭前准备过程中的事务性工作、法官交办的其他事务性工作等不详规定和法官助理职责的表述区别不大，一定程度上造成了二者部分职责的不明确。要么就是"戴着法官助理的帽子"仍"干着书记员的活"，并没有真正履行法官助理的职责，要么就是在法官助理不足的情况下，规定法官助理承担除庭审裁判案件及开庭记录、装档归档以外的一切工作，使法官助理成为一个几乎无所不包的"大口袋"，加重了法官助理的负担。根据2004年、2006年两次全国试点工作会议的交流材料，18家试点法院中有超过10家法官均反映法官助理的事务性工作负担过重。〔2〕

4. 管理混乱：司法人员有"分类"无"分类管理"

（1）司法人员按编制而非按职位分类管理。由于案多人少及编制受限，法院招录过合同制或聘任制法官助理，这类人员虽然采取学历、专业条件放宽，不要求通过国家法律职业资格考试、公务员考试等差异化的管理模式，但这种管理并非基于职位性质而是基于编制的划分：编制内的法官助理可以晋升为法官而按照初任法官的条件招录，编制外的法官助理不能晋升法官而将招录条件放宽。同一法院，同为法官助理，但编制却可能是公务员编制、事业编制、雇员制、合同制等，不同编制的法官助理岗位工作内容大同小异，但在薪酬、考核、晋升等方面却有根本不同。

〔1〕张传军："我国法官助理制度之探析"，载《法律适用》2005年第1期。

〔2〕舒扬："法院办案辅助机制研究——以配置法官助理为切入点"，载舒扬主编：《广州法院2013年重点调研课题成果》，羊城晚报出版社2014年版，第12页。

（2）同一编制内有“分类”无“分类管理”。具体而言，法院把同一编制内的工作人员安排到不同的岗位，却没有按照岗位的性质和特点进行分类管理。[1]不论工作内容、工作性质，在编的法官、法官助理、书记员等人员均按照公务员的选任程序招聘，按照公务员序列进行管理。不论岗位性质如何，只要行政职级相同，待遇、晋升、考核等管理和保障就基本相同。

四、法官助理制度改革的完善进路

（一）争取外部支持，确立法律地位

1. 争取外部支持

正如前文所述，前一阶段法官助理制度改革受挫的重要原因之一就是缺乏顶层体制的支持。最高人民法院蒋惠岭法官曾比喻说：“当司法体制遇到财政体制、干部管理体制、公务员体制、退休制度、教育体制这些与依法治国基本方略直接相关的‘局域网’或‘单机’的时候，多数情况下是红灯或者黄灯。司法体制改革的步伐不得不放慢，或者在红灯面前耐心等候。”[2]十八届三中全会之后，全面推进司法改革已经成为社会共识，非法院内部主导，而由中央统一协调推进。法官助理制度改革所受到的体制机制障碍有望被逐步打破。要争取地方党委、政府的支持和社会各界理解。要积极向地方党委汇报请示法官助理改革的进展和改革方案，提出存在的问题和意见建议，同时也要通报地方政府，尤其是通过党委、政府协调组织部门、人事部门、财政部门、编办等职能部门给予相应支持。

2. 确立法律地位

凡属重大改革都要于法有据。前文已述，我国现行法律均未明确规定法官助理制度，最高人民法院亦未对法官助理的性质、地位等问题做

〔1〕王禄生：“法院人员分类管理体制与机制转型研究”，载《比较法研究》2016 年第 1 期。
〔2〕参见徐达内：“司法改革：从张飙和唐慧说起”，载《东方早报》2014 年 6 月 17 日第 A04 版。

出明确规定，导致理论界和司法界对法官助理产生诸多争议。各地试点因无法可依，各行其是，各自为政，应通过立法明文规定法官助理制度，明确法官助理的含义、来源、性质、地位、职责、晋升、保障和考核等。法官助理的全面推行，必须给予其法律上的保障，赋予法官助理应有的法律地位，然后才能依法实施改革〔1〕，做到"于法有据"。

立法应明确法官助理的法律地位。首先，法官助理是专业性审判辅助人员。法官助理是法官的助手，为法官的审判工作提供专业性服务，工作上受法官指导，但法官助理不能代行法官职责，禁止代替法官从事撰写法律文书〔2〕等由法官应当完成的工作。其次，法官助理的工作具有相对的独立性。法官助理应是独立的审判辅助人员，具有法定的明确权限和职责，其工作具有相对的独立性。法官应当尊重法官助理，不能要求助理去做其职责范围之外的工作，更不能随意干涉、介入或影响法官助理在其职责范围内的独立认识和判断。

（二）明确事务分工，规范职责定位

1. 明确事务分工

对司法事务进行合理分工，是法院内部机构及人员设置的一个重要前提。〔3〕依据法院审判事务的性质和特点，审判事务可以分为审判核心事务和审判辅助事务。审判核心事务是指与案件审理和裁判有关，极具专业性，由法官实质参与的重要事务，一般包括了解、把握案情，审核、认定证据，开庭审理，做出裁判以及制作裁判文书等。审判辅助事务是指与案件实体审判相关、以服务审判工作为宗旨的各类司法辅助性事务。在区分审判核心事务和审判辅助事务的框架下，再对审判辅助事务进行细分。〔4〕审判辅助事务按照专业程度大致可分为专业性审判辅助事务和一般性审判辅助事务。专业性审判辅助事务，是指"需要经过特殊的法律

---

〔1〕 吴永福："法官助理制度的构建"，载《山西省政法管理干部学院学报》2015年第4期。

〔2〕 参见张太洲："法官助理，应是个什么角色"，载《人民法院报》2015年5月10日第2版。

〔3〕 参见邹碧华："审判事务的分工与法官辅助人员的配置探讨"，载《法律适用（国家法官学院学报）》2002年第12期。

〔4〕 叶锋："司法改革视野下审判辅助事务管理模式初探"，载《东方法学》2015年第3期。

专业训练人员方可完成的事务”[1]，属于审判权延伸的事务，比如审查诉讼材料、草拟法律文书等。一般性审判辅助事务，是指除专业性审判辅助事务之外的，纯粹事务性的，不需要经过特殊的法律专业训练即可处理的各类审判辅助事务，比如庭审记录、分案排期、案件移送、发送材料、卷宗归档等。审判核心事务、专业性审判辅助事务和一般性审判辅助事务的特点如表2。

表2　各类审判事务的特点

审判事务类型	复杂程度	重复程度	裁量权要求
审判核心事务	高度疑难	低度重复	高度自由裁量
专业性审判辅助事务	中度疑难	中度重复	中度自由裁量
一般性审判辅助事务	简单	高度重复	无裁量权要求

一方面，审判核心事务、专业性审判辅助事务和一般性审判辅助事务的权力来源、所处层次不同。审判核心事务的权力来源为审判权，处第一层次；专业性审判辅助事务则属于审判权的延伸事项，权力来源为审判权的延伸权力，处第二层次；一般性审判辅助事务属于纯粹事务性工作，处于审判权的最外围。另一方面，根据司法事务的不同特点和类型，将其分配给相应的司法人员。审判核心事务必须由具有审判权的法官承担，专业性审判辅助事务由法官助理承担，一般性审判辅助事务由书记员承担。三者区别如表3。

表3　各类审判事务的区别

审判事务类型	所处层次	权力来源	实施主体
审判核心事务	第一层次	审判权	法官
专业性审判辅助事务	第二层次	审判延伸权力	法官助理
一般性审判辅助事务	第三层次	审判辅助权	书记员

[1] 邹碧华：“审判事务的分工与法官辅助人员的配置探讨”，载《法律适用（国家法官学院学报）》2002年第12期。

2. 规范职责定位

法官助理定位是法官的专业性审判辅助事务助手。

第一，法官助理负责审判辅助事务，而非审判核心事务。这是法官助理职责和法官职责的区别所在。审判核心事务由法官负责，比如了解、把握案情，审核、认定证据，开庭审理，做出裁判以及制作裁判文书，等等。法官助理负责审判辅助事务，法官助理不是亦不能是“助理法官”“隐名法官”。

第二，法官助理负责专业性审判辅助事务，而非一般性审判辅助事务。这是法官助理职责和书记员职责的区隔。

第三，法官助理职责的具体内容。依据《最高人民法院关于完善人民法院司法责任制的若干意见》第19条：“法官助理在法官的指导下履行以下职责：（1）审查诉讼材料，协助法官组织庭前证据交换；（2）协助法官组织庭前调解，草拟调解文书；（3）受法官委托或者协助法官依法办理财产保全和证据保全措施等；（4）受法官指派，办理委托鉴定、评估等工作；（5）根据法官的要求，准备与案件审理相关的参考资料，研究案件涉及的相关法律问题；（6）在法官的指导下草拟裁判文书；（7）完成法官交办的其他审判辅助性工作。”此规定比以前虽有较大进步，进一步理顺了法官助理和书记员、法官助理和法官之间的职责边界，但还是存在瑕疵：将草拟裁判文书作为法官助理的职责，完成法官交办的其他审判辅助性工作。一方面，将草拟裁判文书作为法官助理的职责，混淆了审判核心事务和专业性审判辅助事务的界限，模糊了法官助理和法官的职责边界，有可能产生法官向法官助理推诿工作的情况。因此，笔者认为不应将草拟裁判文书作为法官助理的法定职责，将其作为法官助理的一项权利比较妥当。[1]另一方面，在没有对审判辅助性工作概念进行明确界定的情况下，规定法官交办的其他审判辅助性工作为法官助理的职责，更加模糊了法官和法官助理的职责界限，由于法官助理缺乏角色的独立性和法定的明确权限和职责，而是完全依照法官的指示处理事务，在案件负荷无法分解的背景下，不可避免产生法官向法官助理推诿工作

〔1〕 张传军：“我国法官助理制度之探析”，载《法律适用》2005年第1期。

的情况。[1]

综上，法官助理的具体职责可表述为，法官助理在法官的指导下履行以下职责：①审查诉讼材料，协助法官组织庭前证据交换；②协助法官组织庭前调解，草拟调解文书；③受法官委托或者协助法官依法办理财产保全和证据保全措施等；④受法官指派，办理委托鉴定、评估等工作；⑤根据法官的要求，准备与案件审理相关的参考资料，研究案件涉及的法律问题；⑥经法官同意可以草拟裁判文书初稿。

（三）完善招录、配置，单独序列管理

1. 完善招录、配置

（1）科学设定任职条件。受案多人少、职业前景预期、司法责任制、待遇水平较低等因素影响，法官助理岗位的吸引力越来越小。结合司法改革需求，考虑到基层法院一些法官学历不高专任助理的特殊情况需要，又考虑到案件难易程度及发展空间和薪酬情况，适当放宽法官助理的招录条件，政法编法官助理要求法学本科以上学历或者具有法律知识，合同制法官助理要求法学大专以上学历或者具有法律知识，不要求取得法律职业资格证。另外，仿效国外成功经验，与特定高等院校签署合作协议，持续引进短期实习法官助理，并做到常态化、规范化。

（2）完善人员配置。第一，法官助理的配置。法官助理应采取以法官为单位配置。域外法官与审判辅助人员的配比，德国一般是1∶2至1∶3，法国为1∶4，英美法系国家比例更高。结合我国司法改革需求，原则上应采取“1审1助1书”，并根据不同审级、审判任务轻重进行调整。第二，建立法官助理增补调配机制。根据案件数量调配法官助理，有空缺的应及时增补。第三，建立法官助理和法官双向选择机制。为增强法官助理参与司法改革的积极性，应赋予其选择权，而不应仅仅是被动接受组织的安排。若法官助理在司法改革中仅仅是被改革、被分配、被挑选的对象，这种被剥夺感将成为压垮他们的稻草。[2]具体操作可先由法官协会和法官助理管理委员会配合政工部门公布拟组建审判单元的法官

---

〔1〕傅郁林：“以职能权责界定为基础的审判人员分类改革”，载《现代法学》2015年第4期。
〔2〕关晓海：“法官助理不是改革旁观者”，载《人民法院报》2015年7月20日第2版。

及法官助理信息，提出初步配置方案提交党组会讨论，然后进行公示征求意见，再由政工部门统一协调，最终由党组会决定实施。

2. 单独序列管理

法官助理作为“主审法官好帮手，承上启下关键人”，工作有其自身特点，应当建立法官助理单独序列管理制度。首先，建立法官助理管理委员会。应当建立由院长领导的法官助理管理委员会，统一负责管理，制定统一、明确的管理规则，实施单独的考核、奖惩机制，负责全院法官助理的日常管理和考评，及时处理助理工作中出现的失误及投诉等问题，认定责任性质和责任大小，并保障法官助理的合法权益。其次，分级管理。编内法官助理受到新司改的冲击较大，晋升空间变窄，晋升时间拉长，因而要妥善确定法官助理的任期。任期太长，影响法官助理工作积极性甚至辞职不干；任期太短，法官助理能力得不到提升，影响法官职业化、专业化。笔者以为，根据工作经验、任职年限、业务水平等情况将法官助理分为初级、中级和高级三级，同时根据等级配以相应的薪资待遇。每级任期两年，采取量化考核和法官评价相结合、日常管理和定期考核并行的方式，考核合格，逐级晋升。连续两年考核优秀的可越级晋升。薪酬体系设计亦应有别于行政部门普通公务员薪酬体系，以达到激励作用为目标。最后，管理制度化、规范化。对法官助理录用、培训、考核、奖惩和晋升等，实现管理制度化和规范化，实行审判资源效能优化为目的的效能型管理模式。

（四）建立履职保障，完善流动机制

1. 建立履职保障

（1）完善职业豁免制度。法官助理非因法定事由、非经法定程序，不被免职、降职、辞退或者处分。法官助理依法履职的行为不受追究，不因客观原因所导致的错误而受到责任追究。完善法官助理申诉控告制度，建立法官助理合法权益因依法履职受到侵害的救济机制，健全不实举报澄清机制。

（2）加大待遇保障。结合我国当前经济社会发展的情况和司法改革的实际，法官助理工资应低于法官，高于普通公务员，建立法官助理单

独工资序列，并相应提高工资标准。参照审判津贴，将法官助理纳入津贴发放范围；适当提高基层一线法官助理的岗位津贴标准，与其工作强度相匹配。[1]

（3）建立职业安全保障制度。建立包括法官助理在内的司法人员职业安全保障体系，采取有效措施，预防、制止和惩治一切对司法人员及其亲属打击、报复、诬告、伤害的行为。同时在法院系统建立起统一保险制度，为法院每一位在职司法人员购买职业安全保险，切实保障其职业安全。[2]

（4）加大培训教育。建立专门培训体系和培训机构，以实际需要为导向，开展岗前培训、专项培训、年度培训，保证充沛合理的培训时间，及时学习新法律法规，提升理论修养和实务能力，让“在法院的年轻人要获得与社会上年轻律师同步成长的机会”[3]。

2. 完善晋升、交流、退出机制

（1）完善晋升机制。实行“法官助理—法官”路径选任法官，结合法官助理业绩评价体系，通过公平、科学的选拔机制，优秀的法官助理可以择优选任为法官，进入法官职业通道，打破“天花板效应”。

（2）完善交流机制。第一，完善法院内部交流机制。结合工作需要和个人申请，完善法官、审判辅助人员和司法行政人员的交流机制，可在各自类别内交流，亦可跨类别交流。交流应当具备拟任职位所要求的资格条件，并按照规定的程序进行。审判辅助人员和司法行政人员之间可以相互转任。第二，完善外部交流机制。法官助理可以按照规定与实施《公务员法》的其他机关以及相关单位工作人员交流，包括政府、检察院、司法局等机关单位。

（3）完善退出机制。在法律职业共同体内构建互通互认的职业经历机制，畅通法官助理退出渠道，为具备一定工作年限的法官助理顺利成为执业律师打通“卡口”。

---

〔1〕参见宁波市中级人民法院、余姚市人民法院联合课题组：“法官职业化建设背景下法官助理制度的重新审视与现实进路”，载《时代法学》2013年第6期。

〔2〕宁杰、程刚：“法官职业保障之探析——以《法官法》中法官权利落实为视角”，载《法律适用》2014年第6期。

〔3〕参见屠少萌：“应重视法官助理成长”，载《人民法院报》2016年3月8日第6版。

职业规制行为的类型化与法律属性

周　密〔1〕

提　要：在我国职业资格领域普遍存在泛许可化和泛证书化的基本问题，严重限制公民职业自由的同时也降低了政府公信力。职业自由是宪法赋予公民劳动权的具体体现，但完全的职业自由可能带来负外部性、职业自主性以及信息不对称等风险，所以必须实施限制职业自由的规制行为，形成职业资格领域完全自由、限制性自由以及强制性约束自由并存的局面。行政许可、行政确认和民间确认是职业规制行为的三种基本类型，其针对的是职业自由中的不同问题以及不同的风险强度。行政许可与确认在法律属性上存在明显差异，行政确认本身也具有不同的实现形式。所以在选择具体类型的规制行为时应首先根据强制性原则选择规制领域，其次是根据适当性原则选择规制手段，最后应当根据实效性原则建立规制行为转化机制，从而实现维护社会公共利益与保障个人职业自由的平衡。

关键词：职业自由；职业规制行为；行政许可；行政确认

一、问题的提出

劳动权是宪法赋予公民的基本权利，职业自由尤其是其中的职业选择自由往往被认为是宪法上劳动权的核心。〔2〕“公民享有自行决定自己所

---

〔1〕 作者周密，中央财经大学法学院2016级宪法与行政法学硕士，研究领域为行政法学、宪法学、财税法学等，Email：ianzm4@ sina. com。

〔2〕 根据《德国基本法》第12条的规定，职业自由包括：一是所有德国人均有自由选择其职业、工作地点及训练地点之权利，职业之执行得依法律管理之；二是任何人不得被强制为特定之工作，但习惯上一般性而所有人均平等参加之强制性公共服务，不在此限；三是强

从事的职业的自由，这种自由作为宪法的一项基本权利，受到宪法的严格保护，对非宪法规定的限制职业选择自由的手段必须进行严格的违宪审查。”[1]由于职业自由本身存在的局限与风险，由国家或者社会以一定手段对公民的职业选择自由进行限制成为一种必然的选择，由此产生了职业自由规制的基本问题。一方面公民依据宪法享有职业自由，享有劳动的权利与尊严，另一方面行政机关依据宪法所赋予的职权，必须履行维护公共利益与安全的义务和责任，[2]如何实现二者之间的平衡，成为职业规制制度的关键所在。

我国职业资格规制领域普遍存在着泛许可化和泛证书化的现象。一方面职业资格领域行政许可的泛滥，形成了数量众多的“职业壁垒”[3]，侵犯了公民的职业自由与劳动权利，也阻碍了行政权能的有效发挥和社会经济发展。随着2004年《中华人民共和国行政许可法》（以下简称《行政许可法》）的实施，设置各式各样的职业资格许可，成为各级地方政府以及各政府部门规制职业自由行为的首选方式。政府为了迎合公共舆论，降低自身在事故发生时承担责任的潜在风险，往往利用《行政许可法》规范上的模糊地带[4]，不计代价地设置行政许可。同时处于壁垒中的职业团体往往为了获取超额利润“限制自身生产”，严格控制潜在竞争者进入，进而俘获政府设置行政许可，使处于壁垒之外的求职主体很难发挥自身在职业领域的专业优势，严重阻碍了“大众创业，万众创新”的推进和社会主义市场经济的发展。

（接上页）迫劳动仅于受法院判决剥夺自由时，始得准许。参见王锴：“论我国宪法上的劳动权与劳动义务”，载《法学家》2008年第4期。

〔1〕［日］芦部信喜：《宪法》，林来梵等译，北京大学出版社2006年版，第194页。

〔2〕西方理论阐述宪法上的劳动权属性，多采自由权和社会权两端，然而我国现行《宪法》中的劳动权规范既是一种保障私权的权利规范，也是蕴含社会主义国家的国家伦理的重要承认规范。参见王旭：“劳动、政治承认与国家伦理——对我国《宪法》劳动权规范的一种阐释”，载《中国法学》2010年第3期。

〔3〕参见高景芳：《职业许可论——一个法经济学的视角》，知识产权出版社2015年版，第43页。

〔4〕《行政许可法》第12条第3项规定了“提供公众服务并且直接关系公共利益的职业、行业，需要确定具备特殊信誉、特殊条件或者特殊技能等资格、资质”的可以设定行政许可，但其中存在许多不确定法律概念，给行政机关行使自由裁量权留下了巨大空间。第13条原本是为约束设定行政许可的限制性原则，但“可以不设行政许可”的表述又弱化了其限制性作用。参见李洪雷：“《行政许可法》的实施：困境与出路”，载《法学杂志》2014年第5期。

另一方面以职业资格证书泛滥为表现的职业资格领域行政确认的泛滥，降低了政府公信力，也导致了腐败的滋生。政府设置了数量众多的由政府确认的专业水平认定与鉴定证书，从业者为了提升自身能力水平的可信度，不得不狂热地陷入政府设置的“考证陷阱”，然而劳动力市场中的信息不对称风险依然没能解决，用人单位在混乱的职业资格证书面前难以真正识别从业者的能力水平，同时又给政府的公信力带来严重危机。[1]

职业资格领域各种规制行为的混同使用以及其法律属性的界限不清楚，使得各种规制手段和方式都难以发挥应有的作用，行政许可类规制方式未能从根本上保障社会的公共利益与公共安全，行政确认类规制方式也未能充分保障求职主体的职业自由与雇佣主体的选择自由。

二、职业自由与规制原因

政府规制职业自由往往出于一定的目的，或是克服职业自由的负外部性，维护公共利益与安全，或是有效控制职业自主性，保证特定职业的公信力，或是缓解信息不对称的风险，保障市场竞争机制的公平与平等。然而政府职业规制行为的影响往往是复合性的，不仅影响了求职主体的职业选择自由，也影响了雇佣主体选择求职者的自由与经营自主性。与此同时，由于政府规制行为的存在，求职者的职业自由呈现出了一种不完全的状态，可能导致限制性的自由，也可能导致强制约束性的自由。

（一）规制职业自由的原因

政府规制职业自由的原因，也就是完全自由选择职业的潜在风险，根据其对社会影响程度的强弱可以区分为负外部性风险、职业自主性风险和信息不对称风险。

---

〔1〕 建立公民和政府之间的信任关系是法治原则的基本要求之一。行政机关依法办事，公民能预见自己行为的后果，杜绝官吏的专横行为，从而增加政府和公民之间的信任程度。参见王名扬：《法国行政法》，北京大学出版社 2016 年版，第 158 页。

1. 负外部性风险

职业资格领域的负外部性风险主要涉及影响国家与公民安全以及社会公共利益的重大风险。当一种经济行为给外部造成消极影响，导致他人成本增加或减少时，就产生负外部性。公民的职业自由虽然受到宪法保护，不可剥夺，但却并非任意而为的那种绝对自决领域。为了防止职业选择的“溢出效应”，国家可以依法对公民的职业自由予以必要限制，为了减少或防止未达到相应水平的人妨害公众和社会利益，需要设置相应的准入壁垒。[1]职业规制制度要求执业者经受最低水平的职业训练，这种形式的规制就具有正向社会效果的识别功能。职业规制行为通过政府运用强制力，限制某些不具备最低职业能力的人从事某些职业，以减少低劣的职业活动可能带来的负外部性。[2]

2. 职业自主性风险

由于职业自主性，即对专业知识的掌控，职业者往往能够超然于国家、市场和客户之外，从而达到“自主性”的状态，具有极大的社会影响力，因此必须对其进行国家或社会性质的准入管制，防止基于其职业自主性对消费者产生的消极影响。[3]这种消极影响有时也被视为道德风险。处于优势地位的商品供应者或者服务提供者有可能利用信息优势不适当地以损害商品使用者或者服务接受者的方式获取不正当利益，这就产生了道德风险。职业规制行为能够有效地解决职业自主性风险问题，职业资格证书要求服务提供者在取得资格前必须进行时间、精力和金钱投资。一旦服务提供者因服务质量达不到要求或出现违法行为，资格证书就可能被中止或吊销，服务提供者就会损失前期的投资。

3. 信息不对称风险

职业资格领域存在三方主体：雇佣主体、求职主体以及消费者即商品及服务的接受主体。因此存在着两个层次上的信息不对称风险：其一是雇佣主体对于求职主体的信息匮缺风险，而职业资格制度可以帮助雇佣主体在选择求职主体时掌握必要的求职主体技能水平信息，从而

---

〔1〕 参见杨建顺：《行政规制与权利保障》，中国人民大学出版社 2007 年版，第 346 页。

〔2〕 参见高景芳：《职业许可论——一个法经济学的视角》，知识产权出版社 2015 年版，第 46 页。

〔3〕 参见刘思达：“职业自主性与国家干预——西方职业社会学研究述评”，载《社会学研究》2006 年第 1 期。

消除信息不对称风险。[1]其二是消费者作为商品或服务的接受方，在信息掌握上相对于商品或服务提供方即执业者存在的弱势地位，职业资格制度保障消费者掌握最低限度的相关信息，弱化信息不对称的消极影响。[2]

其中负外部性的风险性最大，往往涉及国家安全与公共利益，除非实施强制性规制行为，否则难以规避。而职业自主性风险相较于负外部性风险，其公共性相对弱化，针对个体的个别风险更加突出。“在职业身份认同感加深的同时，职业团体的作用也日益突出。”[3]带来法团自主性的积极价值。信息不对称风险在现今的互联网时代下呈现弱化趋势，除了政府实施的规制行为外，民间团体、行业组织或者中介机构，甚至市场主体本身的辅助市场行为也能在相当程度上发挥作用。

（二）规制影响下的职业自由

由于政府职业规制行为的存在与影响，职业自由领域单一的完全自由状态被打破，形成了“完全自由”“限制性自由”与“强制约束性自由”并存的局面。政府实施职业规制行为并不导致职业领域完全自由的覆灭，因为政府实施职业规制行为的前提就是依据法律法规的规定选择规制的领域，在非规制行为选择的职业领域，依然存在着完全的职业自由。“完全自由”强调在该职业领域内任何人在任何条件下都可以实施任何形式的职业行为，具有完全的职业选择自由和执行自由[4]，强调对禁止行为的否定，而非对禁止行为的解除。“限制性自由”强调由于规制行为的影响，部分人只能在部分条件下实施部分的职业行为，而其中对于主体、条件以及行为的限定都是独立性的，不具有普遍联系，由此构成

---

〔1〕在劳动市场，信息不对称问题比其他市场都要相对显著，即作为雇主的企业不能识别被雇劳动者的质的差别。参见［日］植草益：《微观规制经济学》，朱绍文等译校，中国发展出版社1992年版，第14页。

〔2〕参见李锦辉：“我国职业资格考试的行政许可规制问题探析”，载《行政与法》2011年第4期。

〔3〕姚泽麟：“近代以来中国医生职业与国家关系的演变——一种职业社会学的解释”，载《社会学研究》2015年第3期。

〔4〕有学者将职业自由权区分为职业选择自由权和职业执行自由权。参见胡玉浪：“海峡两岸职业自由权制度比较研究”，载《福建警察学院学报》2013年第2期。

职业禁止的普遍解禁。[1]而“强制约束性自由”强调特定性，自由的幅度最小，强调只有特定人在特定条件下才能实施特定的职业行为，属于职业禁止中最为严厉的特殊解禁下的职业自由。[2]

三、职业规制行为的类型化与作用效果

职业规制行为具有行政许可、行政确认和民间确认三种不同的规制类型，这三种具体的规制类型针对的是不同的职业自由问题或者不同强度的职业自由风险，从而形成了不同程度上的职业自由。其中行政许可主要解决的是较强的负外部性风险和职业自主性风险，或者严重威胁国家安全与公共利益，或者需要为公共服务提供特殊信誉、特殊条件以及特殊技能，从而形成了幅度最小的“强制约束性自由”空间。行政确认主要解决的是较弱的负外部性风险和职业自主性风险，以及这两种风险与信息不对称风险的交叉部分，从而形成了幅度居中的“限制性自由”空间。民间确认实际上主要解决的是信息不对称问题，由于其本身不具有强制力，所以该领域内依然存在着职业行为的“完全自由”。

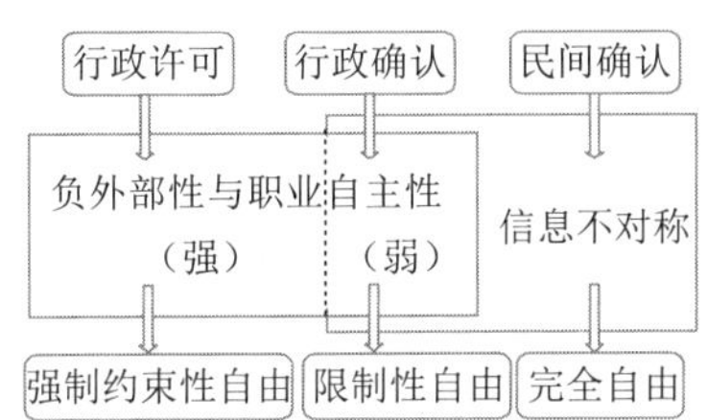

图 1　职业规制行为类型图

---

〔1〕解禁可以分为两种：特殊解禁就是与职业资格许可设定相联系的职业资格许可的实施，即对符合一定条件的行政相对人解除禁止，允许其从事特定活动，享有特定的权利和资格；普遍解禁，我们把它设定为对职业资格许可的取消，即对法律规范一般禁止的否定，允许普遍的、更大范围的相对人从事特定活动，获得其中的利益。参见姜明安主编：《行政法与行政诉讼法》，北京大学出版社 2015 年版，第 219 页。

〔2〕有学者认为与申报和认证制度相比，许可是最严厉的职业管理方式，事先经政府批准方能从事某一职业。职业资格的许可规制方式带来的就是这种特定性，只有特定的主体获得了政府批准的特定条件，才能从事特定的职业行为。参见杨伟东：“职业许可的变革”，载《国家行政学院学报》2016 年第 3 期。

（一）职业规制行为的具体类型

1. 行政许可：强制性的资格准入

在职业资格领域，行政许可作为最严厉的规制手段，其核心特征在于资格的准入性与强制性。职业资格许可制度终极目标是寻求个人自由与公共利益的平衡，即职业选择自由与公共利益之间的平衡。〔1〕个人自由先于国家并决定国家目的，但国家为维护其统治秩序，在某些领域需要对公民在自然法上的个人自由设定限制，并通过一系列的构成性事实（如许可）重新创设或者转换为法律权利和自由，由此可将行政许可视为创设法律权利和自由的构成性事实。由此，一方面，如果全面放任个人的职业选择自由，由于其与社会的关联性密切，将会对社会公共安全与秩序产生严重威胁，同时使现代国家难以实现某些特定的国家职能。另一方面，如果全面限制个人的职业选择自由，完全由国家或者政府确定个人的职业生涯，就如我国计划经济时期包分配、铁饭碗、职业岗位的家庭继承，限制了个人的职业发展的积极性，阻碍经济发展的活力与动能。在职业资格领域以行政许可手段加以规制的消极目的在于防范、消除或缓和对国民生命与健康的危害，即警察性规制。积极目的在于基于福利国家理念，确保经济协调发展，保护经济社会上的弱者。〔2〕与此同时，行政许可必须坚持替代性选择优先原则，行政许可并不具有优先性，行政许可设定的必要性标准在于：其一是不要越位，不该政府管的事，一定不要管。其二是不要缺位，该政府管的事，一定要管好。其三是不要扰民，该政府管的事，在保证管好的前提下，其手续、程序越简单越好。〔3〕

2. 行政确认：以政府公信力增强证明力

行政确认权是国家行政权的组成部分。行政主体的确认权不是源于当事人的自愿委托，而是行政职权运用实施的具体表现形式，是国家行政权的组成部分，有行政法上的确定力、公定力。无论归为行政行为还

---

〔1〕 陈端洪："行政许可与个人自由"，载《法学研究》2004年第5期。

〔2〕 参见［日］芦部信喜：《宪法》，林来梵等译，北京大学出版社2006年版，第195页。

〔3〕 杨建顺：《行政规制与权利保障》，中国人民大学出版社2007年版，第342页。

是准行政行为，都是行政作用，而不是一种事实行为或民事行为。〔1〕行政确认在法国行政法上被定义为确认法律地位的行政处理，〔2〕同时体现了建立公民与政府之间相互信任关系的法治原则。确认本身就是针对特定的事实或法律关系的存在与否，以公共权威进行判断并予以确定的行为。确认完全是着眼于法律要件认定的侧面，为表现严格的羁束行为性而确立。〔3〕我国台湾地区大多数学者认为行政确认是行政处分的一类，即确认处分，某特定权利或具有法律上重要之身份、地位或能力存在与否的行政处分。确认处分虽然旨在宣示某一既存的法律状态，但因为其确认具有法律上的拘束力，有规制法律关系的效果，所以其仍具有行政处分的属性。确认处分一经作成，其对法律状态所为的确认，即立刻产生法律上的拘束效果，本质上毋庸执行。〔4〕因而行政确认的核心在于对从业者的专业能力从政府公信力与公共权威角度予以证明。

3. 民间确认：非强制性的自我评价

民间确认涉及的范围是否广泛，包括了职业资格领域由非政府性的职业团体、行业协会以及作为市场主体之一的公司企业对从业人员能力水平的评价与鉴定。相对于行政确认由政府机关进行评价，可以将其视为劳动力市场上的私主体进行的自我评价机制。鉴于评价主体的非政府性必然造就了其非强制性的基本特征。而民间确认由于其充分利用市场机制优胜劣汰的基本原理，在许多国家的职业资格制度中占据着重要的地位。在美国，绝大多数的职业资格认定都是由市场主体主导的，同时只有真正体现公正性要求的高质量的民间确认才能在激烈的市场竞争中存活下来，而这样的民间确认尽管收费较高，但还是能够获得青睐，同时市场主体又往往深知公正性是自身评价机制的核心要素，因而极力维护其权威性与可信赖性。〔5〕在日本，职业资格被分为国家资格、民间资格和公共资格三类。民间资格是指民间团体或者企业依据自己设立的审核标准随意进行认定的资格。有的民间资格社会认可度高，有的民间资

〔1〕 姜明安主编：《行政程序研究》，北京大学出版社 2006 年版，第 212 页。
〔2〕 参见王名扬：《法国行政法》，北京大学出版社 2016 年版，第 120 页。
〔3〕 杨建顺：《日本行政法通论》，中国法制出版社 1998 年版，第 367—371 页。
〔4〕 参见翁岳生主编：《行政法》，中国法制出版社 2002 年版，第 637 页。
〔5〕 参见华晓晨："美国职业资格管理制度"，载《中国人才》2008 年第 21 期。

格社会认可度低，也有的民间资格只适用于特定区域内。公共资格属于社会认可度较高的民间资格。〔1〕

（二）各类型职业规制行为的作用发挥

行政许可、行政确认和民间确认作为职业资格认定的三种具体类型，在规范和控制职业自由行为的过程中各自发挥着重要的作用，同时三种类型的职业资格认定相互之间联系紧密，共同实现平衡个人职业自由与维护社会公共利益的协同效用。首先，应当发挥民间确认的基础性作用，为从业者和劳动力市场提供广泛可选择的职业资格认定方式。其次，应当利用行政确认的政府公信力与公共权威，增强民间确认的基础证明力。最后，在特殊行业、特殊领域，在确认的认定方式不能发挥应有的保护公共利益与安全作用时，应当通过行政许可的设定与实施发挥其最后的保障性作用。此外，三种认定方式之间的界限并不是一成不变的，在一定的情况下，存在着三者相互转化的情形，从而实现协同效用的发挥。

1. 民间确认的基础性作用

在职业资格认定中，首先应当发挥民间确认的基础性作用，从而保障从业者的职业自由与市场主体的自我选择与评价。职业选择自由权应当属于宪法赋予公民的一项基本权利，公民享有自由选择职业的宪法自由。职业自由与劳动权密切相关，在多数国家被认为是公民在宪法上的一种基本权利。在日本现行宪法中，选择职业的自由被认定为一项具体的基本权利，同居住与迁徙的自由以及财产权共同构成经济自由权。行政机关必须对职业资格许可进行严格的审查，对于那些可以委托给民间自主规范的资格制度、检查鉴定制度等，伴随着企业、团体等民间技术水准的提高，正在或者已经失去了由政府垄断的必要性，因而应该探讨向民间委托、废止规制的途径乃至整个制度的合理化。〔2〕

2. 行政确认的权威性作用

在职业资格认定中，其次应当发挥行政确认的权威性作用，在民间

---

〔1〕 参见刘程程、邢占军："日本国家职业资格考试概述及其启示"，载《中国考试》2012年第9期。

〔2〕 杨建顺：《行政规制与权利保障》，中国人民大学出版社2007年版，第353—354页。

确认的方式不能发挥令从业者和市场主体满意的证明力时，应当以国家公信力和公共权威性增强之。与此同时，行政确认也能弥补行政许可存在的规制俘获等潜在风险。职业许可是规制俘获的结果。公共选择理论认为，在实际实施规制的过程中只存在特殊利益和团体利益，所谓公共利益和普遍意志无非是少数人实现自己利益的幌子。规制俘获理论认为，政府规制是为满足产业对规制的需要而产生的，即立法者被产业所俘获，而规制最终会被产业所控制，即执法者被产业所俘获。政府权力管制职业选择市场的过程中，许可机关被被许可者通过职业团体所俘获，职业团体在许可中有提高职业进入门槛，减少实质的或潜在的职业竞争，提高职业服务收费标准的诉求。职业团体原本是防止政府失灵的因素，当职业团体利益与社会公共利益发生矛盾之时，职业团体往往会异化成为政府失灵的“推手”。[1]“从实证观察的结果来看，许多情况下，集团利益和部门利益才是行政许可立法的真正的推动力。”“许多许可的设定往往是利益集团游说立法机关的结果，公众未必受益。”[2]

3. 行政许可的保障性作用

在职业资格认定中，最终发挥保障性作用的依然是行政许可，因而在特殊行业、特殊领域，在确认的认定方式不能发挥应有的保护公共利益与安全作用时，应当通过行政许可的设定与实施发挥其最后的保障性作用。从规范行政法学角度而言，作为一种对公民择业自由的事先限制机制，职业许可关系应该是以公共利益为本位的社会关系，因此设置和实施职业许可的出发点也只能是为了公共利益。[3]从逻辑上，只有为了公共安全、公众健康、公共秩序等公共利益，国家才可以通过法律规定公民申请从事某一职业所必要的限制条件或程序。此即解释职业许可的公共利益理论。根据公共利益理论，在职业市场失灵时，政府应代表国家对职业行为的负外部性和职业市场的信息不对称进行规制，力图提高职业市场运行的效率。

---

〔1〕 高景芳：《职业许可论——一个法经济学的视角》，知识产权出版社 2015 年版，第 78—85 页。

〔2〕 参见陈端洪：“行政许可与个人自由”，载《法学研究》2004 年第 5 期。

〔3〕 参见应松年主编：《当代中国行政法》（上卷），中国方正出版社 2005 年版，第 710 页。

4. 三者协同效用的实现

针对同一事项，由于地域不同、时期不同、考虑不同，而分别采取确认与许可的不同方式。一般来说，确认的条件和程序应比许可宽松，因而，有时为了加强某方面的控制，有可能将确认转化为许可。反之，也可以基于放松管制的考虑，将许可的事项转化为通过确认的方式来进行。如果只需经过手续上的登记或报告即可的事项，就可以考虑确认的方式，而不需要进行到“批准”的阶段。[1]三种认定方式之间的界限并不是一成不变的，在一定的情况下，存在着三者相互转化的情形，从而实现协同效用的发挥。

四、职业规制行为的法律属性区分

在职业资格领域，职业资格许可与职业资格确认都属于职业规制行为的范畴。在此前提下，接下来应当从形成性、强制性、证明力以及规制效果等方面从理论上对行政许可与行政确认进行区分。同时由于在职业资格领域的具体规制实践中，往往将准入类和水平评价类职业资格分别归类管理，所以存在将二者进行界分的可能。最后需要从形成性、强制性、证明力及规制效果角度明确职业资格领域许可与确认的界分标准。

（一）职业资格领域许可与确认的界分标准

在职业资格领域，将职业资格认定区分为许可与确认，其界分的标准主要包括两个方面：一方面是法规范标准，由于我国目前尚不存在统一规范行政确认行为的法律法规，所以只能以《行政许可法》关于在职业资格领域设立行政许可的相关规定进行界定。另一方面是理论标准，根据行政许可与行政确认在性质的明显差异以及上述二者在形成性、强制性、证明力以及规制效果等方面不同对职业资格认定进行区分。

---

〔1〕 参见应松年、杨解君主编：《行政许可法的理论与制度解读》，北京大学出版社2004年版，第73—79页。

1. 法规范标准

《行政许可法》第 12 条第 3 项将设立职业资格许可的范围限定在提供公众服务并且直接关系公共利益的职业、行业，需要确定具备特殊信誉、特殊条件或者特殊技能等资格、资质的事项。第 13 条又以列举的方式明确了行政许可的非优先性原则，即替代性选择优先原则，在同样能满足准入控制且维护公共安全与利益的情况下，行政许可不具有优先性，应优先选择其他替代性机制。[1]行政许可的设定依据规定于《行政许可法》的第 14 条至第 17 条，即法律、行政法规、国务院决定、地方性法规、地方政府规章可以成为行政许可的设定依据，其他规范性文件一律不得设定行政许可。此外，《行政许可法》第 54 条对职业资格领域设定行政许可的方式作出明确规定，除法律法规另有规定外，行政机关应当通过举行国家考试的方式，根据考试成绩和其他法定条件作出行政许可决定。由此可见，只有满足《行政许可法》关于设定范围、依据和方式的规定时，该职业资格认定才能属于行政许可，除此之外的职业资格认定只能属于行政确认或民间确认。[2]

2. 理论标准

在理论上应当从形成性、强制性、证明力以及规制效果等角度对许可与确认进行界分。当职业资格认定行为满足形成行为的基本要求，具有授益性质，属于强制性的准入标准，同时在道德素质和特殊信誉方面体现较强的证明力，其规制效果体现在防止职业自由行为对公共利益的侵害、对公共安全的威胁时，应当认定为行政许可。当职业资格认定行为满足确定行为的基本要求，具有中立性质，属于非强制性的水平评价标准，同时只在专业能力方面具有证明力，其规则效果体现在增强从业

---

〔1〕 参见李诗林："论行政许可设定范围的合理界定——对《行政许可法》第 13 条的批判性思考"，载《行政法学研究》2008 年第 3 期。

〔2〕 也有学者指出《行政许可法》第 13 条后三项实际上是对特定主体的资格、资质和特定事物的法律属性作出了规定，而这些通常是行政确认的对象，因而与典型的行政许可行为有区别。由此可见，《行政许可法》在原则上规范行政许可行为的同时，也将部分行政确认行为纳入其调整范围。但我们应当清醒看到，行政确认行为只是作为行政许可的特殊或例外形式被具体规定在其中的，尽管我们在理论上可以对二者作出较为清晰的界分，但基于现实情况又应当持有务实的态度，使得我们在实践中有时又不得不将部分行政确认视同行政许可来对待。参见应松年、杨解君主编：《行政许可法的理论与制度解读》，北京大学出版社 2004 年版，第 73—79 页。

者具备某种能力的证明力，与公共利益与安全无涉时，应当认定为行政确认或民间确认。

行政许可的实质是在法律规范一般禁止的情况下，行政主体根据行政相对人的申请，经依法审查，通过颁发许可证或执照形式，依法作出的准予或不准予特定的行政相对人从事特定活动的行政行为。关于行政确认的性质，有三种不同观点：具体行政行为说、准行政行为说和二元论学说。[1]理论上的通说是从行政行为的目的和法律效果两个方面区分行政许可与行政确认，认为行政许可是使相对人获得某种行为的权利或资格，而行政确认是确定、认可或证明相对人的法律地位和权利义务；行政许可允许相对人今后具有某种一般人应禁止享有的权利，具有后及性，而行政确认是对已有身份、能力、事实的确定和认可，具有前溯性。[2]此外也有学者从行政行为的对象、内容、性质、启动方式、法律效果以及溯及力等方面进行区分。[3]还有的学者认为二者在所为的意思、所针对的事项以及表现形式上也存在差异，[4]同时认为行政许可与行政确认的联系主要在于行政确认往往是行政许可之前阶段的一个行为，或者有时行政确认与行政许可有可能表现为同一行为的两个角度。[5]

笔者认为在具体的职业资格领域，区别行政许可与行政确认主要可以从形成性、强制性、证明力以及规制效果四个方面加以考察。首先，

---

〔1〕 具体行政行为说认为行政确认是行政主体对既存的法律事实和法律关系进行审查、认定并宣示其法律效力的行政行为。参见胡建淼：《行政法学》（第3版），法律出版社2010年版，第207页。准行政行为说认为行政确认是行政主体依法对相对人特定的法律地位、法律关系以及相关法律事实是否存在、是否真实进行鉴别判断，并对外作出表示的行为，具有“准法律行为性和前阶段性”。参见胡建淼、江利红：《行政法学》（第2版），中国人民大学出版社2014年版，第258页。参见杨建顺：《日本行政法通论》，中国法制出版社1998年版，第367—371页。二元论学说认为行政确认行为包含两种形态：一是非独立形式，指存在于一个具体行政行为内的认定部分，是该行政行为中对于事项、权利义务、行为、关系等的认定或确认的那部分内容；二是独立形式，是将一个行为中的认定部分独立成为一个行为形式而构成的。参见杨小君：“关于行政认定行为的法律思考”，载《行政法学研究》1999年第1期。

〔2〕 参见胡锦光、莫于川编著：《行政法与行政诉讼法概论》（第2版），中国人民大学出版社2009年版，第119页。

〔3〕 胡建森、江利红：《行政法学》（第2版），中国人民大学出版社2014年版，第256—259页。

〔4〕 参见应松年、杨解君主编：《行政许可法的理论与制度解读》，北京大学出版社2004年版，第73—79页。

〔5〕 参见罗豪才、湛中乐主编：《行政法学》（第3版），北京大学出版社2012年版，第216页。

在形成性方面，行政许可是典型的形成行为。形成行为是指设定私人的法的地位的行为。作为私人营业行为的规制手段采取行政许可的形成行为，从而使从事在法上被禁止的事业活动得以承认。形成行为成为各种营业许可这种法的体系的重要要素。形成行为有时候像医师执照那样也用于法律上所承认的资格赋予。〔1〕形成性某种程度上与授益性类似，但又不完全一致。行政确认不是形成行为，而是属于相对应的确定行为，即确定法律关系的行为。某种程度上具有中立性或中间性，既不授予相应的权益或权力，也不增加额外的负担，只是作出中立性的评价，并根据行政权所具有的公信力而获得社会的认可。〔2〕其次，在强制性方面，行政许可具有强制性，未获得相关领域职业许可的从业者不能从事相关活动。而行政确认不具有这样的强制性，未进行行政确认的从业者也能够在相关领域从事职业行为，也就是说从业者在相关领域具有选择是否进行行政确认的自由。再次，在证明力方面，行政许可与行政确认虽然都具有一定的证明力，但是在证明力的强弱上，行政许可强于行政确认。因为在行政许可的考察中往往除了专业能力，还包括道德素质和特殊信誉的衡量，所以具有更强的证明力。当然行政确认在证明力上由于国家公信力、公共权威的介入要强于其他普通证明即民间确认行为。最后，在规制效果方面，行政许可的设定通常从公共利益与公共安全角度出发，其规制的效果意义在于防止职业自由行为对公共利益的侵害、对公共安全的威胁。行政确认则不同，其规制效果在于以国家公信力或公共权威增强从业者具备某种能力的证明力，与公共利益及安全无涉。

表1　行政许可与行政确认区分表

区分标准	行政许可	行政确认
形成性	行政许可是典型的形成行为，作为私人营业行为的规制手段采取行政许可的形成行为，从而使从事在法上被禁止的事业活动得以承认	行政确认不是形成行为，属于相对应的确定行为，即确定法律关系的行为，某种程度上具有中立性或中间性，既不授予相应的权益或权力，也不增加额外的负担

〔1〕［日］盐野宏：《行政法总论》，杨建顺主编，北京大学出版社2008年版，第78页。
〔2〕参见江国华编著：《中国行政法》（总论），武汉大学出版社2012年版，第332—340页。

续表

区分标准	行政许可	行政确认
强制性	行政许可具有强制性，未获得相关领域职业许可的从业者不能从事相关活动	行政确认不具有这样的强制性，未进行行政确认的从业者也能够在相关领域从事职业行为
证明力	在行政许可的考察中往往除了专业能力，还包括道德素质和特殊信誉的衡量，具有更强的证明力	同时在专业能力方面具有证明力，但行政确认的证明力要弱于行政许可。行政确认在证明力上由于国家公信力、公共权威的介入要强于其他普通证明即民间确认行为
规制效果	防止职业自由行为对公共利益的侵害、对公共安全的威胁	以国家公信力或公共权威增强从业者具备某种能力的证明力，与公共利益及安全无涉

（二）实践中区分职业资格许可与确认的可行性

在具体职业资格领域的实践中，行政许可与行政确认往往能够根据上述理论中的区别进行界分，从而使对职业资格认定进行许可与确认的区分成为可能。接下来笔者将以会计从业领域的三种职业资格——会计从业资格、注册会计师资格、会计专业技术资格为例进行论述。

表2　会计领域职业资格认定类型表

资格名称	法律行政	法律依据	法律规定
会计从业资格	从业资格准入类行政许可	《会计法》	《会计法》（1999年修订）第38条第1款规定："从事会计工作的人员，必须取得会计从业资格证书。"
注册会计师资格	执业资格准入类行政许可	《注册会计师法》	《注册会计师法》第2条规定："注册会计师是依法取得注册会计师证书并接受委托从事审计和会计咨询、会计服务业务的执业人员。"与会计从业资格不同，注册会计师资格作为执业资格实行注册登记制
会计专业技术资格	职称资格水平评价类行政确认	《会计专业技术资格考试暂行规定》	《会计专业技术资格考试暂行规定》第2条第1款规定："通过全国统一考试，取得会计专业技术资格的会计人员，表明其已具备担任相应级别会计专业技术职务的任职资格。"第5条第1款规定："会计专业技术资格分为：初级资格、中级资格和高级资格。"

会计从业资格是会计行业领域的准入类从业资格，属于行政许可，其设立的法律依据是《会计法》（1999 年修订）第 38 条第 1 款，符合《行政许可法》第 14 条行政许可依法律、法规、国务院决定设立的规定。

注册会计师资格是会计领域的准入类执业资格，属于行政许可，其设立的法律依据是《注册会计师法》第 2 条。注册会计师之所以实行严格的执业资格管理制度，是因为注册会计师所出具的执业报告具有法律上承认的证明效力，因此关乎社会公共利益与国家公共安全。[1]国家实行注册会计师全国统一考试制度，相较于会计从业资格而言，注册会计师资格在知识、技能、管理上都有更高的要求。与会计从业资格不同，注册会计师资格作为执业资格实行注册登记制，是更高要求的行政许可。

会计专业技术资格是会计行业的水平评价类职业资格或技能职称类职业资格，与以上两个职业资格明显不同，其并不属于行政许可，其设立依据并非《行政许可法》要求的法律、法规、国务院决定，而是部门规章，即由财政部和原人事部颁布的《会计专业技术资格考试暂行规定》。根据《会计专业技术资格考试暂行规定》设立会计专业技术资格的目的并非进行准入控制，而是科学、客观、公正地评价会计专业人员的学识水平和业务能力，完善会计专业技术人才选拔机制，体现水平评价的基本特征。[2]会计专业技术资格也采取考试的形式但并不是唯一形式，而且颁发职业资格证书的行为符合行政确认的要求。同时会计专业技术资

---

〔1〕《注册会计师法》第 14 条规定："注册会计师承办下列审计业务：（一）审查企业会计报表，出具审计报告；（二）验证企业资本，出具验资报告；（三）办理企业合并、分立、清算事宜中的审计业务，出具有关的报告；（四）法律、行政法规规定的其他审计业务。注册会计师依法执行审计业务出具的报告，具有证明效力。"

〔2〕《会计专业技术资格考试暂行规定》第 5 条规定："会计专业技术资格分为：初级资格、中级资格和高级资格。取得初级资格，单位可根据有关规定按照下列条件聘任相应的专业技术职务：（一）助理会计师：大专毕业担任会计员职务满二年；中专毕业担任会计员职务满四年；不具备规定学历，担任会计员职务满五年。（二）不符合上述条件的人员，只可聘任会计员职务。取得中级资格并符合国家有关规定，可聘任会计师职务。高级资格（高级会计师资格）实行考试与评审结合的评价制度，具体办法另行规定。"第 11 条规定："会计专业技术初级、中级资格考试合格者，即由各省、自治区、直辖市、新疆生产建设兵团人事（职改）部门颁发人事部统一印制，人事部、财政部用印的会计专业技术资格证书。该证书全国范围有效。各地在颁发证书时，不得附加任何条件。"

格体现了非强制性和用人单位的自由选择权特征。[1]

五、结语

在职业资格领域存在着广泛的概念界定困难，比如“从业资格”与“执业资格”难以区分，“准入类”与“水平评价类”难以认定，“专业技术人员”与“技能人员”难以界定。与此同时，《行政许可法》实施以后，政府在规制职业自由时过多地使用行政许可的规制手段，造成了职业资格领域行政许可泛滥的现象。在新一届政府简政放权的改革过程中，取消和下放了70%的职业资格，并在此基础上实行目录清单管理，然而目录清单仍然是在原有的概念认知模糊基础上进行的，所以必然造成公众认知上的复杂化困境。出现上述问题的关键在于对职业资格领域行政许可与行政确认的性质、区别、联系、相互关系、共同作用发挥等问题的认识与研究缺失。

行政许可是在一般禁止的基础上对特定人解除禁止，恢复或者赋予其一定的权利或者资格。行政确认是对相对人包括权利、资格、资质在内的特定法律地位、法律关系以及相关法律事实是否存在、是否真实进行鉴别、判断，并对外作出表示行为。虽然二者在是否具有强制性、是否具有授益性、是否具有溯及力等方面存在明显区别，但是二者具有密切的联系。尤其是在职业资格领域内，行政许可与行政确认相互弥补作用上的不足，在为满足公共利益规制职业自由方面共同发挥作用。另外，行政确认仅仅是确认的一个部分，确认本身可以分为民间确认和官方确认，行政确认是官方确认的一种方式。在当下社会共同治理的要求下，民间确认在弥补行政许可与行政确认不足、提高行政效率方面发挥着越来越重要的作用。

规范职业资格领域相对人行为的过程中，应当充分发挥民间确认、

---

[1] 《会计专业技术资格考试暂行规定》第2条规定：“通过全国统一考试，取得会计专业技术资格的会计人员，表明其已具备担任相应级别会计专业技术职务的任职资格。用人单位可根据工作需要和德才兼备的原则，从获得会计专业技术资格的会计人员中择优聘任。”

行政确认和行政许可的各自作用与共同作用。首先以民间确认的方式进行非强制性的自我认定与评价。在这种自我认定与评价难以满足需求时，再由行政确认以公共权威或者国家权威的方式增强其证明力。而行政确认的方式仍然属于一种非强制性的要求，相对人依然可以选择是否就职业资格水平进行认定或鉴定。只有在相关职业领域严重影响公共利益与公共安全，需要特殊信誉、特殊条件或者特殊技能等资格资质的提供公共服务的职业、行业，才能通过设定和实施行政许可的方式，限制公民宪法上的职业自由与劳动权利。

从“混同”到“分离”：改革语境下民事执行模式的剖析与重构

殷雨晴　戴鹏[1]

提　要： 民事执行权作为民事司法权的有机构成，与民事审判权并为鸟之双翼，是法律权威的关键载体。而现今社会中“执行难”的频频提起，公众对执行效率低下、程序不透明等问题的反应日趋激烈，则从另一个侧面折射出执行模式改革的必然。随着司法改革的纵深开展，法院系统人、财、物划归省级法院统一管理调拨，法院民事执行模式改革拥有充足契机和条件。本文旨在从现行执行模式运作弊端出发，在多方角度考量价值平衡，以及分析对比域外制度优势和各地法院探索经验下，以效率及公正为视角，构建现行司法改革形势中执行机构设置框架的新模式，即在法院内部实现执行裁决权和执行实施权分离，优化执行权运作机制；从机构设置及人员配置角度规划民事执行体制，重构民事执行模式。

关键词： 民事执行；权力配置；模式重构；司法改革

我们能够多少有些错误地去认识。

——黑格尔

2016年最高人民法院印发《关于落实“用两到三年时间基本解决执行难问题”的工作纲要》，要求确保在两到三年期限内完成基本解决执行难目标任务，切实“让人民群众在每一个司法案件中感受到公平正义”。

---

〔1〕 作者殷雨晴，广东省广州市越秀区人民法院执行局法官，Email：1797808153@ qq. com；作者戴鹏，广东省广州市越秀区人民法院民三庭法官，Email：624963718@ qq. com。

一、检视：民事执行模式之现状审视

多年来，"执行难"已成为司法领域人民群众反映强烈的突出问题，被社会广为诟病，极大地损害了司法公信力及法律权威性。现今，民众反映的执行难问题已从对执行结果不满的简单定义演变为执行效率低下、执行沟通机制不畅、执行腐败频发等多层次、多方面问题。笔者以广东省广州市越秀区法院的执行工作实务为基础进行调研，[1]以期全面了解现行执行模式之弊端。

（一）法院民事执行模式总体情况

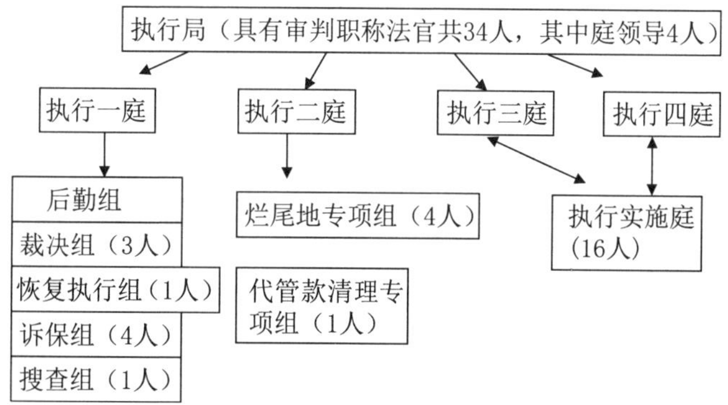

图 1　执行局机构分布

图 1 表明，该法院执行局现行机构分布模式为按分权运行机制设立执行实施和执行审查部门，另分设多个特殊执行组，内部分工明确，事项繁多。但在实践中，法院人数最多的部门却成为优质审判人员不愿进入的边缘部门或外勤部门。2015 年执行局内部具有审判职称的法官共 34 人，近四分之一分散于恢复执行组、搜查组、诉保组等与审判工作完全无

〔1〕 该区法院位于东南部发达地区一线城市的中心城区，为该省政治经济文化的中心，经济活动频繁，年执行案件数量极大。加之该区为历史老城区，且为省、市两级政府，军区集中地段，历史遗留问题及涉军政执行案件极多，各类复杂情况频发，执行工作具有一定代表性。

关的领域，执行实施法官仅16人，而异议裁决法官仅3人。其中，近八成以上执行法官年龄在45岁以上，最大年龄已达56岁。不难看出，执行法官往往是接近“退休”法官或一审庭的“淘汰”人员，人员结构严重失调。

（二）法院民事执行实施情况

表1　法院民事执行实施情况

时间	年收案数（件）	年结案数（含旧存）	结案率	人均结案数（件）
2012年	7 821	7 772	95.96%	485.75
2013年	8 944	8 969	96.74%	560.56
2014年	9 780	9 545	94.67%	596.56
2015年	11 745	10 708	87.18%	669.25

表1表明，从2013年到2015年法院年收案数连年攀升，呈阶梯式增长。结案方面，年结案数也在连年增长，但在收案超出一定限度后，结案率明显降低，无法有效保证案件执行效率。2015年该院执行法官人均结案数前5位分别为745件、741件、738件、721件、708件，案多人少矛盾尖锐。而如此之高的结案量背后，案件质量是否能得到有效保证，仍值得深思。

（三）法院民事执行实际到位情况

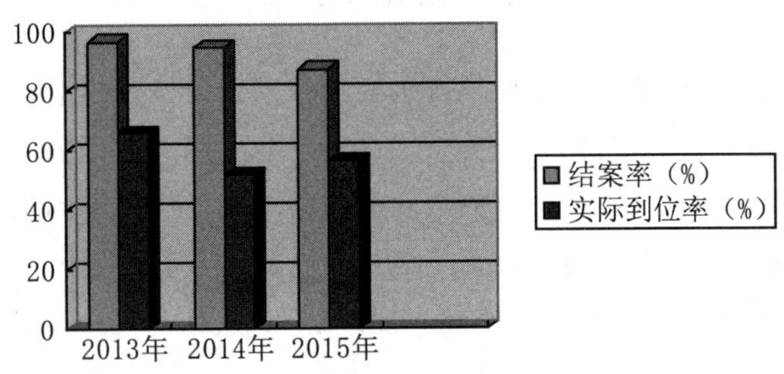

图2　法院民事执行实际到位情况

图2表明，从2013年到2015年法院实际执行到位率连年偏低，近乎

一半的执行财产无法实际到位。高结案率对应下的低到位率，反映出一味追求结案率，重视案件量的叠加，忽视案件质的考量这一现状。而众多类型案件，更因缺乏有效应对手段和精细化执行呈现畸形结果。如2015年上半年，该院涉信用卡纠纷执行案件收案1 037件，涉及标的达6 905.35万元，实际到位金额仅34.68万元。2011年到2014年刑事罚金案件实际到位率仅为13.36%。

（四）民众对法院执行工作反馈情况

笔者对该法院2015年涉及执行的共371份信访登记表进行统计分析，将民众对执行工作反映的主要问题总结如下：

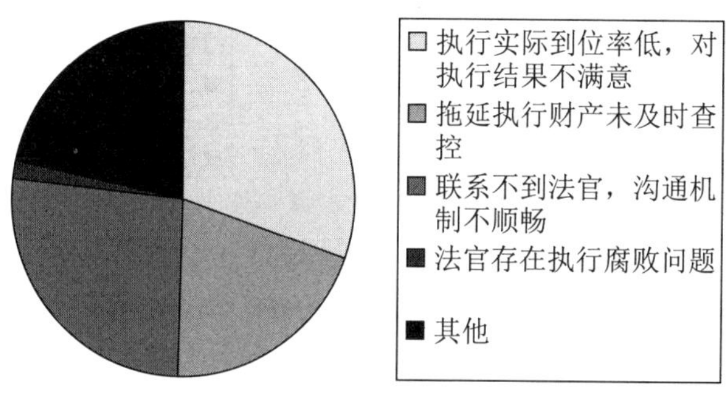

图3　民众对法院执行工作反馈情况

图3表明，民众对于关乎自身利益的最终执行结果最为关注，其中反映执行到位金额少，执行结果不满意的投诉信访最多。同时，对执行效率、执行公开的要求也日趋提高。值得一提的是，对执行腐败问题反映较少，但一旦出现该类情况，当事人反映往往最为激烈，严重损害司法公信力。

（五）执行法官对法院执行工作反馈情况

笔者对该法院内部的34名执行法官采取访谈与问卷调查相结合的模式，了解其对法院现行执行体制的看法，共发放34份调查问卷并全部回收。

1. 关于案件量对于办案质量及办案效率的影响

34名执行法官均认为现有办案量超出负荷，会影响案件质量和案件效率，占总体人数的100%。

2. 关于我国目前执行机构设置及执行模式的满意度

仅有1人表示对执行机构设置非常满意，占总体人数的2.9%。半数以上的法官表示不满意，部分法官认为目前“重审判轻执行”的理念易造成人员流失，严重影响执行机构内部稳定。近三分之一的法官对目前的执行模式表示不满意，认为执行效率及“单兵作战”办案模式等方面均有待提高。

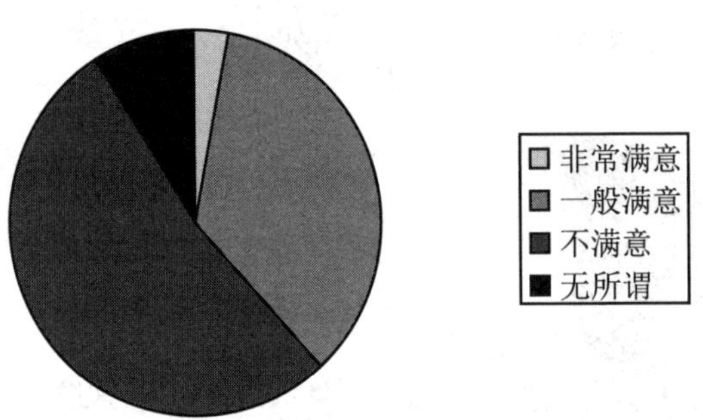

图4-1 你对目前的执行机构设置是否满意？

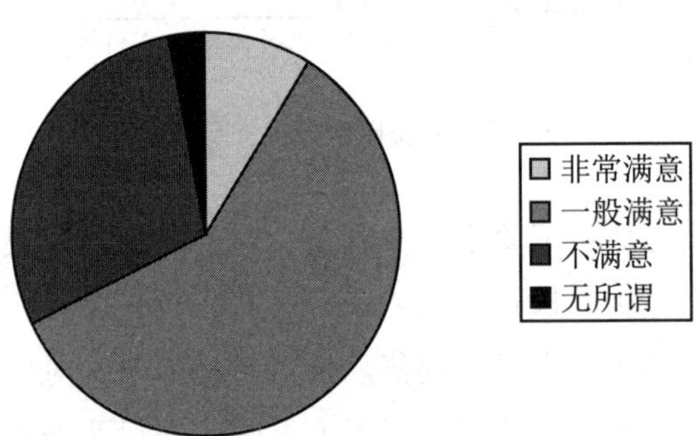

图4-2 你对目前的执行模式是否满意？

3. 关于对司法改革中员额制配比的想法

明确表示留在执行局的法官仅占总人数的三分之一左右，另有多名法官表示司法改革中对执行局的定位模糊一定程度上造成人心浮动，不入员额将严重挫伤执行法官积极性。

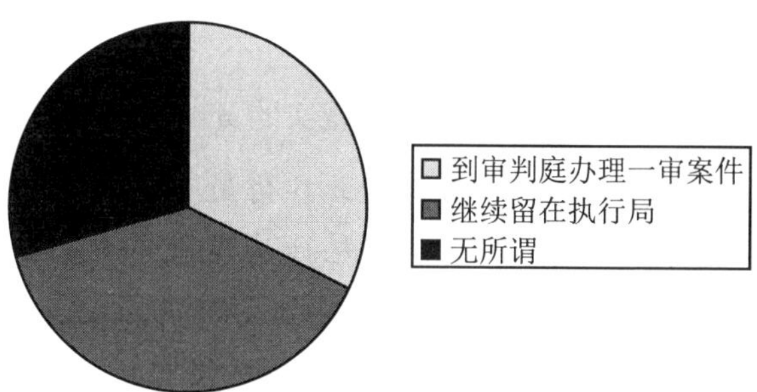

图5 如果执行法官不入员额，你会选择到审判庭办案还是留在执行局？

二、反思：现行民事执行模式之弊端

进行民事执行模式的重构，首先应有效审视现行执行模式的问题并剖析其产生的背景，即执行难的具体表现和成因，才能对症下药，找到解决执行难问题的根本之策。基于上述执行难具体表象，笔者结合各地执行情况及实地调研，分析得出执行难产生原因及现行民事执行模式困境。

（一）权属矛盾：裁执混同与定位模糊

执行裁决与执行实施权力的混同，使执行机构内部集执行实施权和执行裁决权于一身。首先，易造成执行决策失误。由于执行权由执行员独断行使，当其对执行程序中的一些疑难、重大事项作决定时，可能因业务素质、社会经验以及知识面等客观局限性，给当事人造成不应有的损失。其次，易怠于行使执行权。权力的过度集中，缺乏外部权力督促，容易使执行员产生惰性，怠于行使执行权，致使执行工作不能迅速、及时、持续地进行。最后，易滥用执行权。权力的过度集中，一定程度上易使执行人员行使执行权超越必要的、合理的限度，如违法执行案外人的财产、滥用强制措施等。

（二）内部矛盾：执行法官诉求与现实的背离

我国仍未建立完善的执行员制度，执行员的法律地位、任职条件、任免程序、职务等级等内容都未通过法律法规形式予以明确。现实中，由于执行员角色定位不清，执行裁决与执行实施混同，执行员多由含有审判职称的法官充当，从事审判工作的审判人员与从事执行工作的执行人员可以相互调任，加剧执行员与审判员的身份混淆，影响执行人员队伍稳定。

（三）机制矛盾：统管制度与协助体系的缺失

执行系统统一管理、统一协调机制未得到真正落实，在跨区域执行众多的情况下，严重影响执行工作绩效。以异地执行与委托执行为例，有统计显示，江西省宜春市两级法院2002年至2007年受托执行案件的执结率只有35%，对外委托执行案件的执结率只有37.5%，[1]四川省成都市武侯区人民法院2005年至2007年委托执行案件的执结率仅有9%。[2]

另外，目前除商业银行、房管部门等协助执行机构较为顺畅外，其他协助执行主体如公安机关、人民银行等国家有关职能部门的协助执行主要依靠双方会议纪要、联合发文等文件，未形成规范化的协助执行制度。税务管理部门、保险公司、电信公司等垄断性企业以及公共服务性机构等都未纳入协助执行主体范围。对协助执行主体的责任划分不明确，对违反法定协助义务的行为缺乏有力的制裁措施。

（四）外部矛盾：公众诉求与执行成效的脱离

现代社会“诉讼爆炸”的局面和执行力量不足、成效不显的矛盾是当前执行问题的重要成因之一。在超出办案人数、精力临界点时，案件数量与单一质量呈反向趋势。案多人少矛盾突出情况下，法官难以保障案件质量的提升与后续工作的及时展开。执行手段不完善，执行制度不

---

〔1〕 童妍：“委托执行，难在哪”，载《人民法院报》2007年8月10日第3版。

〔2〕 王佳舟：“委托执行——理想与现实的艰难博弈”，载《人民法院报》2008年10月19日第8版。

健全，易使被执行人财产无法及时查控，更加剧执行不及时情况的产生。

公众对于法律信仰的缺失以及对法院执行行为的不信任，加剧民事执行权的乏力。“法律必须被信仰，否则它将形同虚设”。[1]社会诚信体制不健全，被执行人躲避执行，总企图通过各类合法或非法手段拒不履行生效判决。

（五）监督失位：执行权滥用与执行监督混乱

孟德斯鸠曾经指出：“一切有权力的人都容易滥用权力，这是一条万古不易的定理”“有权力的人们使用权力一直到遇有界限的地方才休止。”[2]“多年来执行实践中一致沿用案件到人，案件的全部执行过程都由执行员说了算的执行模式，民事执行权行使过度集中。这种既当‘运动员’又当‘裁判员’的传统民事执行权运行模式，往往成为执行难和执行乱的原因之一。”[3]

从监督体系上看，全国人大、检察院、纪检监察部门等多方监督的交叉与重叠既无法实现体系化、全面化，又带来了大量无效监督。如2015年，C法院执行局共收到人大监督函14份，省法院监督函13份，纪检监察监督函26份，其中同一案件多部门重复监督情况达50%以上。法官往往要对不同部门进行重复复函，增加无益工作量。而执行救济及执行申诉途径不畅，导致相比正常诉请途径，当事人各方更愿意采取涉诉信访方式，向上级或其他部门反映情况，导致执行过程往往受到各种因素的影响和干涉。

三、进路：民事执行模式的现实探索

随着我国司法改革的深入，执行体制改革进程日益加快，各地法院及理论法学界对民事执行模式进行了新的探索。

---

〔1〕［美］伯尔曼：《法律与宗教》，梁治平译，中国政法大学出版社2002年版，第26页。
〔2〕［法］孟德斯鸠：《论法的精神》，张雁深译，商务印书馆1961年版，第154页。
〔3〕江必新主编：《强制执行法理论与实务》，中国法制出版社2014年版，第476页。

（一）现实探索：各地法院民事执行的试点性改革

长期以来，各地法院为解决执行难，提高执行实效投入了大量人力、物力。现今，已有多家法院紧跟执行体制改革的趋势对现行民事执行模式进行了大胆探索。

1. 执行精细化管理模式改革

以广东精细化管理改革为例，各试点法院在探索执行资源优化配置方面，形成了以下有代表性的资源配置模式：在执行局内设文书组、查控组、实施组组成的专项执行组的白云法院"分组执行制"；将整个执行过程分解集约完成的江门法院"分段执行制"；顺德法院执行局统筹协调各法庭具体负责实施的"统分结合制"；深圳中院三权分立、专业分案的"分权执行制"；执行长团队配置为"1+2+2+1"的福田法院审判长负责制。[1]

2. 执行流程分段集约式改革

以"北京模式"为例，北京法院实行以执行环节为中心搭配执行人员，经过多个执行人员的流水作业和协调配合，改变以往单兵作战的执行方式，完成对案件的执行工作。坚持分段执行，强化监督制约。另外，一些法院针对执行案件的特点，根据执行实施机制的内在规律设置专门的财产调查控制组对被执行人财产进行统一调查、统一控制，并设置专门的财产变现组进行统一变现。坚持集约执行，提高工作效率。

3. 执行权内部分权运行改革

其中以"重庆模式"为典型。首先，将执行程序中的实体争议问题从执行局的权限中剥离，由相应的审判庭遵循诉讼程序进行审理，廓清了审判权与执行权的边界。其次，剥离执行程序中的裁决事项，廓清了执行裁决权与执行实施权的边界。最后，剥离执行实施权中的变价权，从制度上切断法官与拍卖机构之间的利益关联。[2]

4. 执行机构"行政化管理"改革

如唐山中院设执行裁决庭，脱离执行局，纳入审判序列管理，与执

---

〔1〕 参见广东高院、深圳中院执行局联合课题组：《广东法院执行精细化管理改革报告》。

〔2〕 参见江必新主编：《强制执行法理论与实务》，中国法制出版社2014年版，第50—51页，277—278页。

行局在功能定位上是平等的单位编制，在机构层面上实现了审判权与执行权的内分。改革后由市中院执行局负责统一指挥、监督和指导全市法院执行工作、执行队伍管理和业务考评、执行装备管理等。基层法院执行局更名为执行裁决庭，机构规格和领导职数不变。调整后该中院执行局下设五个执行分局，每个执行分局管辖基层法院执行工作，实现执行机构、职能和人员与基层法院彻底外分。调整后的执行分局在上级法院执行局领导下，统一管理本辖区执行工作，实现执行人财物案在法院内部相对独立。〔1〕

（二）突破方向：审执分离下三类改革模式的量化比较

《中共中央关于全面推进依法治国若干重大问题的决定》第4条第2款提出："完善司法体制，推动实行审判权和执行权相分离的体制改革试点。"但其中并未提出改革具体方向及路径，当前理论界与实务界主要形成了以下三种改革方向及模式。

1. "彻底外分"

将整个执行工作从法院工作中彻底分离出去，法院对民事执行的实施工作和审查工作均不再负责。主张这种改革模式的人认为，"作出司法判决是司法行为，而执行判决是一种行政行为"〔2〕，执行工作的性质归属于行政活动，具有行政特性〔3〕。笔者以为，将执行权彻底从法院外分的改革模式在现行司法环境下没有理论基础和现实土壤。"大陆法系和英美法系的主流观点仍是把执行行为看作司法行为的组成部分"，〔4〕执行行为的正当性来源是审判行为的正当性，审执分立并不否定执行和审判的同质性。中国法院民事执行专属权由来已久，一味推倒重建、重新设置一套行政体制付出的代价太大，没有现实土壤，且执行权行政化必然导致执行权地方化，与司法改革地方化目的相悖。

---

〔1〕 参见2015年5月27日唐山中院公布的《唐山市法院审执分离体制改革试点方案》。

〔2〕 贺卫方：《司法的理念与制度》，中国政法大学出版社1998年版，第264页。

〔3〕 孙小虹："体制突破：执行工作新思路"，载《云南法学》1999年第1期。

〔4〕 ［日］中村英郎：《新民事诉讼法讲义》，陈刚、林剑锋、郭美松译，法律出版社2001年版，第29页。

2. “深化内分、适当外分”

在最高人民法院将执行权划分为执行实施权和执行裁决（审查）权的基础上，将行政属性较重的执行实施权完全行政化，交由行政机关行使，实行垂直管理。[1]法院仅保留执行裁判权和对执行实施权的监督权。此种改革模式在廓清执行实施权和执行裁决权边界基础上，仅将执行实施权从法院职权中剥离，制度成本虽较第一种模式小，但如前述，“彻底外分”模式之弊端并未根除。

3. “执行裁决权和实施权在法院内部分立”

首先，将执行程序中的实体审判事项剥离，廓清审判权与执行权的边界，将审判权从执行权中剥离。其次，剥离执行程序中的裁决事项，纯化执行实施权，在法院内部将执行裁决权与执行实施权分立，其中执行裁决权由执行法官行使，执行实施权由执行法官或执行员行使。执行程序中的案外人执行异议之诉、当事人许可执行之诉等实体争议事项由相应审判庭依诉讼程序审理。执行裁决法官负责办理执行裁决事项，其中对被执行人责任财产的实体权属只需依权利外观主义进行形式审查。此种改革模式在贯彻审执分立原则的基础上，厘清了审判权、执行裁决权与执行实施权边界，同时凸显执行裁决权和审判权的差异性。而通过权属划分，各部门各专其职，能有效提高执行效率和执结到位率。

四、借鉴：域外民事执行模式的经验

“有效的制度从何而来，优良的制度体系如何确立？路径无非两条：一是认真研究现实问题，总结自身的经验教训，充分利用本土资源；二是学习，借鉴前人和其他国家、地区的经验，借‘他山之石’作为攻玉手段。”[2]基于此，笔者选取有代表性的域外民事强制执行模式进行研究，以期在充分考虑我国民事执行工作特点和需要的基础上，有效借鉴

---

〔1〕 褚红军、刁海峰、朱嵘：“推动实行审判权与执行权相分离体制改革试点的思考”，载《法律适用》2015年第6期。

〔2〕 江必新主编：《比较强制执行法》，中国法制出版社2014年版，第2页。

其可取之处。

（一）英国民事执行模式

英国法院是由独立的法官组成的裁判单位，法院事务管理局是为法院提供行政支持的司法部下属行政机构。[1]英国审判权和执行权相分离的体制正是在该司法管理体制下构建。就具体执行事务而言，法官主要负责对不动产的执行以及决定动产扣押程序中的重大事项等，法院事务管理局及其执行员的职能主要是对动产的执行。英国民事执行模式的最大特点是其市场化运作机制，执行员设置也采用司法行政公务员性质的郡法院公务员及类似于律师业“市场化”运作的高等法院执行官的双轨制。高等法院执行机构为市场化运作，以执行到位标的金额按照法律规定的比例提成，最终由被执行人承担。申请人可以选择高等法院执行官，因此执行行业竞争激烈。另有经郡法院审查认可并颁发“合格证书”的“持证私人执行员”，运作模式类似于保安服务公司。市场化运作模式的优势显而易见，即成本低、效率高、威慑力强等。但与之相对，市场化也带来诸多问题。“英国国民咨询局在对 2006 年 10 月以来 500 件案件的分析报告中指出，64%的执行人员在执行中有骚扰，恐吓行为；40%的执行人员对‘平和进入’有不同程度的曲解；25%的执行人员用‘如不付就抓起来判刑监禁’等言语威胁被执行人；42%的执行人员存在乱收费，多收费现象。”[2]

（二）法国民事执行模式

法国民事执行制度规定债权人享有执行权的同时，承认债权人有选

---

〔1〕在法院事务管理局的治理、财务和运行上，英国司法大臣与首席大法官订有合作协议，并把法院事务管理局的领导权交给法院事务管理局委员会。法院事务管理局实行委员会负责制。2008 年刚成立时，法院事务管理局委员会由 3 名非执行委员（其中 1 名担任委员会主席）、3 名法官（代表首席大法官）、1 名司法部官员（代表司法大臣）、4 名执行委员（来自法院事务管理局，其中 1 名担任首席执行官）组成。委员会同时对司法大臣和首席大法官负责。所以，法院事务管理局虽然在体制上属于司法部，实际上是一个受首席大法官和司法部长（司法大臣）“双重领导”的相对独立的机构。参见张永红：《英国强制执行法》，复旦大学出版社 2014 年版，第 239 页。

〔2〕张永红：“英国法院执行体制的市场化改革”，载《法律适用》2009 年第 8 期。

择执行措施的自由。[1]在动产执行程序，尤其是金钱债权的扣押程序，出现了“去司法化”倾向，国家并非直接实施民事强制行为的主体。法国的执行机关分为司法执达员和执行法官。司法执达员为自由职业人员，没有公务员身份，负责具体实施强制执行措施，也是唯一有权将司法文书和其他执行根据付诸执行的人员。执行法官制度是法国民事执行程序改革的“轴心”，有效打破不同机关分散管辖带来的执行拖延及漏洞，同时减少民事执行程序的司法干预，加快处理争议的效率。

（三）德国民事执行模式

德国坚持审判程序与执行程序分离的原则，适用所谓“执行程序组织上独立”的原则。一般认为，“德国民事强制执行分为三类执行主体，即法庭（法官）、司法助理员和法院执行员。三类主体分别完成不同的执行事务。”另外值得一提的是德国“代宣誓保证”以及“债务人名册”制度。根据债权人的申请，法院执行员要求债务人向其做出代宣誓保证并提交财产清单。债务人在代宣誓保证下所给出的财产清单中不能做虚假陈述，否则依照《德国刑法典》第156条可处以3年以下自由刑或处罚金。而且做出代宣誓保证之后，债务人将被列入“债务人名册”，此名册任何人均可查询，债务人由此将丧失信用能力，经济活动也会受到很大限制。为了避免被列入“债务人名册”，债务人往往会同意分期偿还债务。[2]

不难看出，各国民事执行模式中，外部权属中审判权与执行权，以及内部权属中执行裁决权与执行实施权的双重分离均是其制度体系构建的核心。除上述国家外，还有俄罗斯的司法警察制度和强制执行制度中，各级法院判决的执行权统归司法部所属的司法警察系统行使，联邦司法部和各主体司法局领导的司法警察即为执行员。[3]加拿大的强制执行法令制度，便于异地财产分类执行。信用管理、公共服务等多类机构联合查询，用于寻找债务人及其财产等方式。[4]笔者认为，以上制度的闪光

---

〔1〕 江必新主编：《比较强制执行法》，中国法制出版社2014年版，第9页。

〔2〕 郑冲：“德国法院执行员制度改革之争”，载《比较法研究》2007年第6期。

〔3〕 黄金龙、黄文艺：“域外没有民事执行检察监督”，载《法制日报》2007年8月29日第3版。

〔4〕 谭玲、夏蔚：“加拿大的强制执行制度”，载《现代法学》2002年第6期。

之处，在于充分研究制度移植存活的可能性和规律性，融合本国法律特点及文化，值得我国民事执行模式改革的参考与借鉴。

五、蓝图：基层民事执行的价值重申与模式重构

民事执行模式的重构必须从民事执行程序本身的价值追求和价值取向出发，其合理配置及制度是否可行应符合我国民事执行实际，有效改善现今执行难困境。

（一）价值重申：以公正和效率为核心

债权人的权利尽可能迅速并完全地得到实现，是强制执行制度应该力争的最基本目的。〔1〕申言之，民事执行程序在价值追求上注重公正，在价值取向上注重效率。

1. 公正

“对于正义，如果我们并不试图给出一个全面的定义，那么我们就有可能指出，满足个人的合理需要和主张，并与此同时促进生产进步和社会内聚性的程度——这是维续文明社会生活所必需的——就是正义的目标。”〔2〕民事执行讲究法律效果和社会效果的统一，其目的不仅在于实现已确定的私权，此为“满足个人的合理需要和主张公正”，还在于维护正常的社会关系，此为“促进生产进步和社会内聚性的程度”。同时，民事执行也应尊重其程序价值，因为正义不仅要实现，而且要以看得见的方式实现。

2. 效率

“执行程序应以提高效率作为优先考虑的价值目标”。〔3〕执行程序以快速、及时、不间断地实现生效文书所判定的债权为己任，在价值取向

〔1〕［日］竹下守夫、白绿铉：“日本民事执行制度概况”，载《人民司法》2001年第6期。

〔2〕［美］E. 博登海默：《法理学：法律哲学与法律方法》，邓正来译，中国政法大学出版社2004年版，第261页。

〔3〕谭秋桂：“民事执行权定位问题探析”，载《政法论坛》2003年第4期。

上注重效率。[1]民事执行讲究经济效益，以最小成本获得最大的收获。提升执行效率，尽可能保障执行效果，是使人民满意的不二选择。执行程序的价值追求决定了执行权的配置应当以效率和公正作为基本价值目标。[2]

（二）制度设计：我国民事执行模式的重构

如上所述，现有执行模式已面临改革的“分界点”。笔者通过权衡利弊，结合国内试点经验和域外制度优点，初步重构我国民事执行模式。

1. 民事执行权配置

首先，在司法权层面上贯彻审执分离原则，在法院内部对民事执行权进行执行裁决权和执行实施权彻底分离。笔者认为，民事执行权以实现私权为目的，是审判行为的保障措施和当然的附属物，其正当性基础是审判行为的正当性。根据前述三类改革方向对比分析，应采取法院内部“深化内分”理念，在法院体系内将审判权从执行权中剥离，廓清执行裁决权与执行实施权的边界。其次，重构民事执行模式的关键在于如何在人民法院内部对执行权进行微观配置，也就是执行裁判权和执行实施权如何配置。根据前述改革案例可知，在法院系统内设立专门的执行裁决部门，由其依法独立行使执行裁决权是可行的。执行裁决庭在功能定位上和执行局、审判庭应是平等的单位编制。执行实施权以快速、及时地实现生效法律文书所确定的债权为己任，基于其“行政权属性和对效率价值的生而追求，执行实施权有必要也必须由独立的机构行使”[3]。剥离执行裁决权的“执行局”职能趋近专门化，主要行使执行实施权。管理方式上，依其行政属性垂直领导，构建存在纵向领导和横向联系的具有行政模式的执行体制，形成上级法院对下级法院执行工作“统一管理、统一监督、统一协调”“三统一”的管理体系，从人、财、物三方面实现归省一级法院统管。

---

〔1〕 江必新主编：《强制执行法理论与实务》，中国法制出版社 2014 年版，第 51 页。

〔2〕 褚红军、刁海峰、朱嵘：“推动实行审判权与执行权相分离体制改革试点的思考”，载《法律适用》2015 年第 6 期。

〔3〕 尚彦卿：“论分权制衡机制之下执行机构的设置——从民事执行权配置的视角出发”，载《法律适用》2013 年第 12 期。

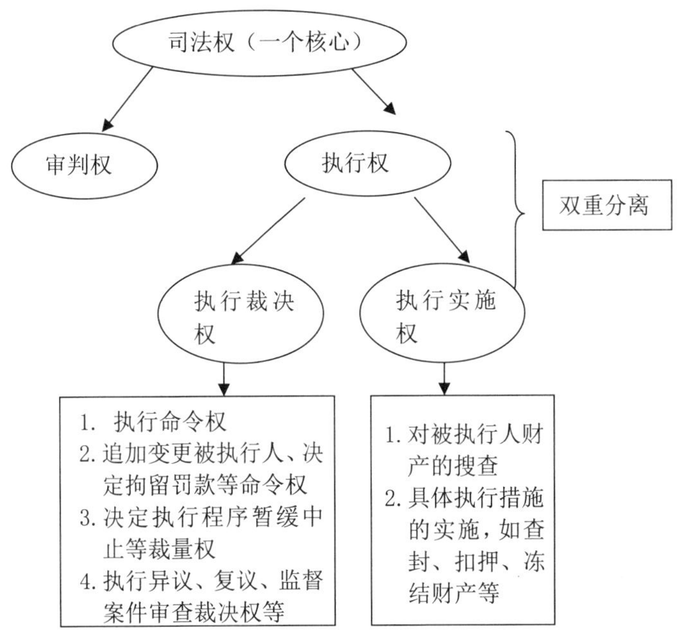

图 6　法院内部权属划分

2. 机构人员设置

落实执行人员分类管理，明确执行法官、执行员和法警的职权划分，并规定相应的职级序列和晋升机制。执行法官负责办理执行异议、复议、监督等裁决（审查）事项，出具相关裁决文书。执行法官应由有审判职称的法官担任。根据年均办理的案件数给执行裁决庭一定法官员额配给，执行法官的考核、评比、晋升机制和追责制度可参照现行审判法官的对应机制。执行局成为主要由执行员和法警组成的执行实施机构，主要行使执行实施权，负责各种执行措施的实施，而不行使执行裁决权，两者可以由行政公务员或者合同制人员担任，其相应的职级、晋升机制和追责制度参照对应的标准。执行局内行政公务员的管理还可以借鉴监狱管理模式由省高院统一规划。执行人员设置改革后执行工作专业化、分工精细化，得以吸引更多优秀人才资源，提高执行效率。

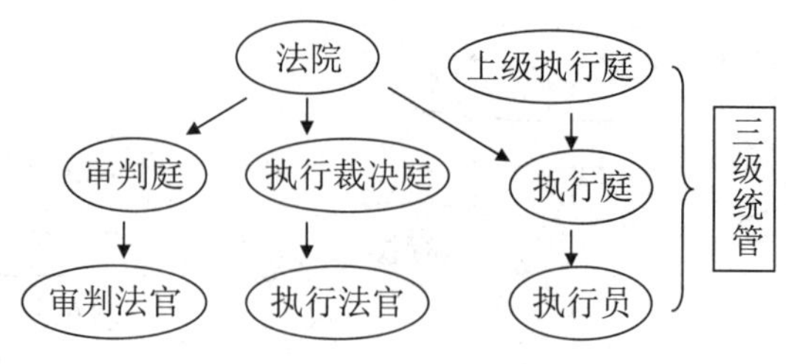

图7　法院内部机构设置

3. 民事执行权运行

首先，应针对执行案件的特点，依据执行实施机制的内在规律性，优化执行权配置，建立分段集约执行工作机制，实行科学的执行案件管理流程，实现执行实施机制专业化，提高执行效率。其次，结合“互联网+执行”模式，构建部门联动执行机制。目前，全国执行系统已运行全国法院执行案件信息管理系统。[1]从目的性及实用性考量，工商、税务、银行、车管、房管都应纳入统一的信息管控体系，便于执行机构联网查询被执行人名下财产，共同惩戒拒不履行生效判决、裁定的被执行人，构建社会信用体制。

4. 民事执行监督

首先，以法院内部直属的执行裁决庭与上下统管的执行局的分离为载体，实现相互制约、相互监督体制，避免内部兼具裁判与实施功能于一身。其次，完善执行监督体系，形成内部监督、外部监督、上下级监督等多层次、多方位全面监督。最后，完善执行申诉及执行救济途径，畅通沟通机制，避免多部门无益信访的产生。

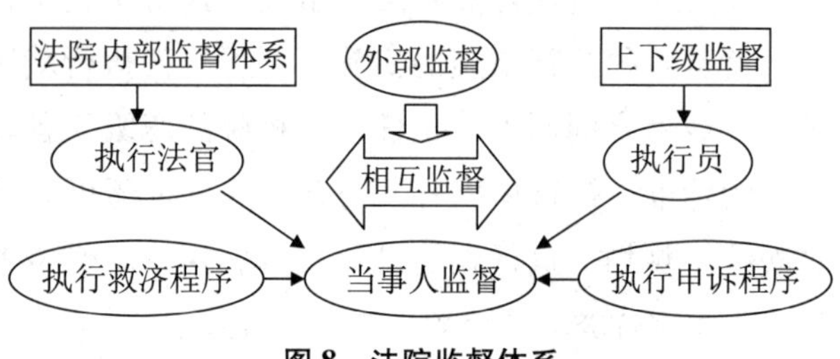

图8　法院监督体系

---

〔1〕黄松有在全国法院第二届执行理论与实务研讨暨集中清理执行案件工作总结会议上的讲话，讲话时间：2006年9月20日。

（三）制度分析：设计合理性及可行性论证

学者张志铭先生曾言：“与其他各项司法改革举措一样，执行改革在内容上也面临合法、合用和合理三个维度的考量。”[1]对于民事执行模式的制度分析，笔者也将从合法、合用和合理三个维度考量。

1. 合法

有关执行立法、司法解释、规范性文件应符合基本法律原则以及上位法的规定，执行行为应当符合关于执行的立法、司法解释、规范性文件的规定。从现行立法趋势及执行权属上看，贯彻审判权与执行权、执行裁决权与实施权的双重分离符合执行改革的内在趋势及潮流。

2. 合用

民事执行模式应具有现实可操作性，能够对症下药，卓有成效地解决执行难问题。不仅如此，合用还应该含有够用就行的意思，不能对执行强制权力极度扩张。因此，在深刻分析出现问题之原因的基础上，重构的民事执行模式确立民事执行权的方向与程度，在提高执行实效的同时建立多重制约机制，达到合用即有效的结果。

3. 合理

民事执行模式构建应具有正当性、合目的性以及正确的价值取向。从权利本身的概念上讲，一方面是“无救济则无权利”，或称“救济先于权利”，另一方面是“无法走向和接近救济”亦无权利。[2]重构的民事执行模式充分平衡当事人双方权利地位，最大限度满足民众的正当需求，并保障有效救济途径。笔者以为，民事执行程序的正当性以及价值追求应以“均衡”为原则，兼顾公正与效率，平衡发展，保持有适当的弹性范围，使公正与效率真正地相互依存，相互发展。

---

〔1〕张志铭：“民事执行改革的几个理论问题”，载《人民法院报》2003年1月24日。
〔2〕［英］约翰·洛克：《政府论》（下），叶启芳、瞿菊农译，商务印书馆2004年版。

六、结语

“构建合理的制度是一个不断试错的过程，是一个寻找理性与现实交集的过程，理性的谨慎选择和现实的小心求证都是不可缺少的环节。”〔1〕执行制度的改革涉及范围极大，由于篇幅限制，笔者仅在执行权属双重分离背景下，在机构设置和人员设置等方面提出初步设想，以期重构现行民事执行模式。解决执行难困境，除执行体制外，民众的法治意识、规则意识、社会诚信体系建立、执行协助机制健全等方面都应纳入法治探索范围，值得共同努力和建设。笔者期待，新一轮民事执行制度改革能为进一步深化司法体制改革，坚持和完善中国特色社会主义司法制度，构建社会主义法治国家提供更有力的司法保障。

〔1〕 童兆洪：“改革语境中的民事执行权配置理论”，载《法制与社会发展》2005年第2期。

论　文

Articles

司法如何可能象征社会？
——司法符号性供给的依赖条件研究

申　伟[1]

摘　要： 司法向外部社会供给符号性产品，成为外部社会之积极面相的象征符号，须同时依赖静态的司法建制、动态的司法运作和社会公众对司法的主观赋值三方面的条件。对于司法符号性供给而言，这三方面条件各自具有其独立意义，又彼此相互关联。

关键词： 司法符号性供给；司法建制；司法运作；主观赋值

引言

自司法[2]与社会其他子系统（亦即本文所称之“外部社会”）之间的系统性关系角度看，司法供给即是生成于司法（包括司法建制及其运作过程与产出）并输送于社会其他子系统的种种有形的产品或无形的

---

〔1〕 作者申伟，法学博士，兰州大学法学院副教授，研究领域为法理学、刑法学，Email：justfyou409@163.com。本文系笔者主持的国家社会科学基金项目“中国司法的社会建设功能研究”（12CFX009）的阶段性成果。

〔2〕 “司法”在本文中既指涉以审判权和法院系统为中心的司法权力和司法机构建制本身，也指涉——并且重点指涉——司法权及其运作过程特别是法院所职司的审判权以及相应的审判权运作过程和该运作过程所产出的司法产品。相应地，“司法的功能”指的是司法权力、司法机构建制、司法权运作过程以及司法权运作的最终产品对于司法之外的诸社会子系统所应当并且能够发挥的作用。将法院及其行使的审判权视为司法及司法权的中心，并非本文臆想。卢曼从系统论角度提出并论证了“审判权的组织是作为法律系统之中心的分系统”。（［德］卢曼：《社会的法律》，郑伊倩译，人民出版社2009年版，第168页。）

意义。因其生成过程与最终表现形态不同，宜将司法供给区分为产品性供给（包括常规性司法产品供给与敷应性司法产品供给）与符号性供给。[1]本文所称之“司法的符号性供给”，所指的即是司法作为一个社会子系统对外部社会所释放出的种种堪称“美好”的象征意蕴或者符号意蕴这一类独立的司法供给形态。司法的符号性供给通常是无形的，亦即没有物质化载体。并且，司法向外部社会释放出的象征意蕴或符号意蕴不可化约为任何具体的“实物”——不管是司法机构、司法人员还是司法裁判结论、司法服务举措。因此，较之司法产品供给，认识司法符号化供给得以可能的必要条件要更为困难。

本文就是直面上述困难的一次尝试。易言之，本文追问的就是司法如何才能成为外部社会的某一种特质的标识？形象点讲，本文意在思考：中国司法须具备哪些特征才有可能成为外部社会某种积极面相的象征符号？

一、司法符号性供给之依赖条件的一般特征

最容易理解的是，司法符号性供给离不开的最基本的条件是该国或地区存在静态的司法建制（包括司法“制度”、司法“体制”、司法“程序”、司法“机关”、司法“人员”以及作为司法产出之司法“判决”等）和动态的司法运作（包括司法“活动”、司法“审判”等）两个方面。但是，即便一个国家或地区事实上存在司法机构建制，我们也不见得有充分的理由认为该国或地区的司法事实上具有政治—社会合法性、进步性的象征意蕴或者其他符号性意蕴；即便一个国家或地区的司法机构事实上维持着日常的运作亦即事实上日常性地从事着案件审判工作，我们也不见得有充分的理由认为该国或地区的司法事实上具有政治—社会合法性、进步性的象征意蕴或者其他符号性意蕴；同样，即便一个国家或地区的社会公众事实上相信司法足以象征政治—社会合法性、进步

[1] 申伟：“中国司法供给的效应局限——以产品性供给与符号性供给的区分为基础”，载《北方法学》2016年第5期。

性的或其他某种美好的事物，我们也不见得有理由认为这个国家或地区的司法事实上已然成为这个国家或地区政治—社会合法性、进步性或者某种其他美好事物的象征符号。显然，司法的符号性供给的依赖条件，除了上述司法建制与司法运作及其产物外，还应包括更多并不显见的要素。

为什么司法的符号性供给比产品性供给所依赖的条件更多?司法符号性供给与产品性供给依赖条件多寡及其他差异，根源于司法符号与司法产品之间的实质性差别。具体来说即是，司法产品可谓客观的“有形之物”，而司法符号实质则是公众对某些与司法相关的“有形之物”的主观赋值。公众对司法的主观赋值过程，也就是公众将某种美好的意蕴附加于司法的过程，其实质是社会公众对司法的移情式理解，也就是想象。

进一步看，司法符号性供给所依赖的条件之间也具有相互依赖性。一方面，某些与司法相关的“客观之物”能否产生符号性意蕴，依赖于公众对这些客观之物的主观赋值。道理很简单：如果没有公众对其赋值，那些与司法相关的“客观之物”（比如司法建制、司法人员、司法判决等）也就只是“客观之物”而不具有任何象征意蕴，司法建制不过就是司法建制，什么也象征不了，什么也代表不了；司法人员不过就是些“俗人”，什么也象征不了，什么也代表不了。同样，司法判决不过就是一个司法判决，什么也象征不了，什么也代表不了。但是，一旦有了公众的主观赋值，就不一样了，司法建制就不再仅仅是司法建制，它还象征或代表着这个国家或地区政治—社会的合法性、进步性、现代性等；司法人员尤其是法官就不再是个“俗人”，而是某种与“高尚”“正义”相关的超凡人物。同样，司法判决也就不再仅仅是一个司法判决，它还象征或代表着这个国家或地区政治—社会的合法性、进步性、现代性等。因此，公众赋值不仅是司法符号性供给的一个不可或缺的依赖条件，而且公众赋值堪称司法符号意蕴得以生成、释放的关键条件。另一方面，公众的主观赋值也依赖于司法的客观状态。道理也很简单，如果不是其司法建制相对比较完善，公众恐怕就很难将一国或地区的司法想象成合法性、进步性或者其他美好事物的象征符号。同样，如果不是其司法实际运作相对良好，公众恐怕就很难将一国或地区的司法想象成合法性、进步性或者其他美好事物的象征符号，汪庆华教授在其研究中所观察到的民众从行政诉讼中未能获得预期的正义进而对法律、行政诉讼产生了

“去魅的真实感”这一现象，可谓适例。[1]。

因此，本文认为，一国或地区的司法向外部社会供给符号性意蕴，势必同时依赖于某些与司法相关的“客观之物”以及社会公众对司法客观层面的主观赋值。其中，与司法相关的“客观之物”可区分为两个方面，一个方面是司法的某种静态的“存在”样态（以下简称“司法的静态‘存在’”），一个方面是司法的某种动态的运作状态（以下简称“司法的动态运作”）；社会公众对司法客观层面的主观赋值，即“外部对司法的想象”（以下简称为“外部想象”）。对于这两个层面的依赖条件，以下分别展开讨论。

二、作为司法符号性供给之依赖条件的“客观之物”

（一）司法的静态“存在”

所谓司法的静态“存在”，指的是一国或地区现实的司法建制，也就是由司法制度、机构、人员等要素所构成的“司法系统”。要能够成为供给前述三重符号性意蕴（即“表征政治治理与社会运行的现代化/法治化的合法性符号意蕴”“象征着法治纯洁与社会自治的自治性符号意蕴”以及“象征社会变革平和可控性的转型工具意蕴”）的依赖条件，一国或地区的司法建制至少具有两个特点：一是该国或地区须具备常设性的司法建制；二是该国或地区常设司法建制须是较为健全的。这两个方面的特点，实际上乃是对于一个可称之为“好的”司法的底线要求。道理也很简单：一方面，如果常设性司法建制尚不存在，人们纵有再多关于现代、合法、进步、公平正义等的想象，那也不是对当地现行“司法的”想象；另一方面，如果常设的司法建制残缺不全、制度粗陋、机构混乱、人员良莠参差，人们纵有关于现存司法的想象，恐怕也不会是什么“美好的”想象。

---

[1] 相关讨论参见汪庆华：《政治中的司法：中国行政诉讼的法律社会学考察》，清华大学出版社2011年版，第21—22页、157—161页。

反过来讲，当一国或地区不仅具备常设性的司法建制，而且这套常设性的司法建制也是较为健全的，那么该国或地区的司法向外部社会释放前述政治—社会合法性、进步性等正面的象征意蕴也就具备了起码的前提条件。正因如此，本文认为，在对外供给司法符号、释放象征意蕴方面，符合上述“常设”“健全”两个方面要求的司法建制这一静态的司法“存在”本身就具有极其重要的意义。也正是在这个意义上，在司法符号性供给特别是其供给方式问题上，笔者坚持的一个基本看法是“存在即是供给”。

不过，这里讨论的常设性、健全的司法建制，还仅仅只是对一国或地区的司法建制或者司法系统本身的要求，尚不涉及这一司法建制或者司法系统的实际运作状况问题。显然，这并不意味着司法的实际运作状况对于司法的符号性意蕴不重要。

（二）司法的动态运作

所谓司法的动态运作，指的是一国或地区司法的实际运作表现，既包括司法工作的过程，也包括司法工作的成果。显然，一国或地区可称之为“司法举动”的司法运作，纷繁复杂，不胜枚举。鉴于本文所谓司法的符号性意蕴，仅限于司法向外部社会供给的上述种种堪称“美好的”象征意蕴，显然仅仅只有那些符合特定标准的司法运作，才可能成为司法符号性供给的“依赖条件”。

问题是，司法运作在符合怎样的标准或者具备怎样的特征时，才能够成为司法符号性供给的依赖条件而非障碍呢？对这个问题，必须因司法供给的符号性意蕴不同而分开讨论。

一是司法供给合法性、进步性象征符号与司法供给社会自治性象征符号这两层意蕴对司法运作的要求。

在“现代性/法治化”与“中国社会转型期”这两大核心要素所表征的司法的历史时间语境下看，司法运作所应符合的这一特定的标准其实就源于现代性/法治化、国家—社会二元论以及有计划社会变迁对司法运作的种种预设、对司法运作所提出的种种要求以及对司法运作所抱有的种种期待。同时，司法运作所应符合的这一特定的标准实质上也就是近现代经典的法治观、司法观关于“好的”司法运作的评判标准。同样，从实证法的角度看，这一特定的标准其实也就是经常讲的“法治发达国家”的那些被视为足以反映法治理念、法治精神或法治原则的司法运作原则。换言之，前述预设、要求或者期待，与经典法治观、经典司法观关于“好的”司法运作的学理标准以及被视为充分反映了法治理念、法治精神或法治原则的司法运作原则之间，其实是完全一致的。

正因此，就足以称之为司法符号性供给之依赖条件的司法运作最好〔1〕应符合怎样的标准这个问题，我们只需回顾诸多关于“好法官”或者“良好”司法运作的经典论述即可。易言之，若希望其司法有能力输出前述符号性意蕴，一国或地区的法官最好是“好法官”，而其司法在整体上最好是“良好”的。

对所谓“好法官”或者“良好”运作的司法的刻画，在关于法治或司法的诸多著名文件或者学理著述中，所在多有。其中，曾于1671—1676年间任英国王座法院首席法官的马修·黑尔于1660年代始提出的“指导其作为法官如何行为”的行为守则清单，即便在今天看来，也堪称衡量“好法官”的经典表述。当法官能遵循马修·黑尔的守则清单行事时，当地的司法即可谓“良好”的。

兹将马修·黑尔开出的作为法官“不能忘记的重要事情”，录之如下〔2〕：

1. 我受上帝、国王和国家之托付，实施司法。因此，我应恪守下述准则。

2. 应（1）正直。（2）谨慎。（3）坚决。

3. 恳请和仰赖上帝的指引和力量，而不妄自盲从自己的理解或能力。

4. 实施司法，应谨慎克制情感，不能喜怒无常、屈服于个人好恶。

---

〔1〕“最好”这一限定具有特别含义。正如本文多处提及的，司法各项符号性意蕴固然以司法的现实表现为基础，但司法符号性意蕴与司法的显示表现却不见得必定是正相关关系。也就是说，现实表现不怎么样的司法也有可能在符号性意蕴的生成和输出方面表现得不那么差。因此，司法良好的现实表现（“好法官”与“良好司法”）固然是司法符号性供给的牢固基础，但却既不是司法符号性供给的充分条件，也不是司法符号性供给的必要条件。正是在这个意义上，这里才强调司法符号性供给“最好”以司法良好的现实表现为依赖条件。

〔2〕［英］汤姆·宾汉姆：《法治》，毛国权译，中国政法大学出版社2012年版，第30—31页。

5. 工作之时专心致志，排除其他不合宜的所有顾虑和干扰。

6. 兼听则明，偏信则暗，应听两造陈述、了解所有情况，不可预设判断、先入为主。

7. 不可在诉讼开始之时就下定论，在审理全程终止之前，都应保持公正无偏。

8. 在死刑案件中，尽管我有怜悯之心，但应记住，应根据国家之需要而作出正当的怜悯。

9. 在纯粹的伦理事务中，不可太过僵化死板，避免以一人之见堵塞社会多元观点。

10. 不应因同情穷人而偏向之，亦不应向富人卖好。

11. 无论民众抑或官廷，其赞美或反感，都不应干扰我的司法工作。

12. 不要迎合人们所说或所想，完全只按司法规则行事。

13. 如罪有可疑之处，要倾向怜悯之、甚至无罪。

14. 如犯罪行为尚未实施，没有引起其他伤害，减轻处罚并非不公平。

15. 如为谋杀，证据确凿，严惩不贷。

16. 工作中，摒弃任何形式的、任何人的私人请托。

17. 训令我的手下（1）不得介入任何司法公务。（2）不得在公开报酬以外，多拿多占。（3）不得给予任何案件不正当的优先安排。（4）不得推荐律师。

18. 餐饮要简朴，符合公务需要。

无疑，任何一个法官一旦能做到马修·黑尔提醒自己的这些“不能忘记的重要事情”的全部或绝大多数，他/她无疑就是个好法官了；任何一国或地区的全部或大多数法官若能如黑尔准则般职司司法，当地的司法显然也堪称“良好”了。而这样的“好法官”“好司法”，对于人们形成关于法官、司法的美好想象，无疑十分重要。

二是司法供给社会转型平和可控性的象征符号对司法运作的要求。

一方面，历史地看，司法作为有计划社会变迁之工具，并非在人类司法实践史上历来就可观察到的典型现象，而是晚近以来的新现象。因此，通过司法的有计划社会变迁，对于前述关于“好的”司法的预设、要求或者期待以及学理标准或实证法原则来说，都还非常陌生。自然，对于“司法供给社会转型平和可控性的象征符号对司法运作的要求是什么”这个问题，也就不能指望从这些预设、要求或者期待以及学理标准或实证法原则中找到答案了。

另一方面，就当下诸国家或地区之间横向来看，司法作为有计划社会变迁之工具，也不是各国、各地区司法实践中普遍可见的现象。截至目前，通过司法实现有计划社会变迁对于许多国家或地区的司法学理、实务来讲，都还是较为陌生的。以中国法学界的既有文献来看，在一般意义上关注到——更别说承认乃至认同——“司法乃有计划社会变迁策略之一”这一点的人就极少；至于具体到“通过司法促成中国社会转型”这一点，关注的、认同的人就更是少之又少了；至于践行者，就更少了。

此外，让问题更麻烦的是，若是执守前述关于司法的预设、要求或期待以及被奉为经典的学理标准或实证法原则的这些一般性立场，无视或者否认司法供给社会转型平和可控性的象征符号恰恰才是更“自然”的结论。因为，这些司法的预设、要求或期待以及被奉为经典的学理标准或实证法原则对司法的理解（如美国法学家凯斯·R. 桑斯坦所谈到的美国最高法院的“司法最低限度主义”〔1〕），大多向来都是排斥通过司法的有计划社会变迁的。

正因如此，本文认为，讨论司法供给社会转型平和可控性的象征符号对司法运作的要求时，反思前述关于司法的预设、要求或期待以及被奉为经典的学理标准或实证法原则，借取关于有计划社会变迁的社会学洞见〔2〕，总结诸如美国司法（特别是结构性裁判〔3〕）以及欧洲法院司法（特别是在新欧洲形成过程中表现）的成功经验〔4〕，并对照中国司法

〔1〕［美］凯斯·R. 桑斯坦：《就事论事：美国最高法院的司法最低限度主义》，泮伟江、周武译，北京大学出版社2007年版。

〔2〕特别是美国社会学家史蒂文·瓦戈的相关研究及其发现。请参见［美］史蒂文·瓦戈：《社会变迁》（第5版），王晓黎等译，北京大学出版社2007年版；［美］史蒂文·瓦戈：《法律与社会》（第9版），梁坤、邢朝国译，中国人民大学出版社2011年版，第252、257页，第281—315页。

〔3〕相关研究参见［美］欧文·费斯：《如法所能》，师帅译，中国政法大学出版社2008年版，特别是“第一章正义的形式”。

〔4〕相关研究参见［荷兰］马丁·W. 海塞林克：《新的欧洲法律文化》，魏磊杰译注，中国法制出版社2010年版。

近年来在某些影响性案件中的不当表现（如南京“彭宇案”、泸州“‘二奶’继承案”等），或许是更有意义的进路。这里，仅仅概略地讨论司法释放平和可控社会转型之符号意蕴与司法运作某些特点的亲和关系。

概略地讲，具有以下特点的司法运作更有益于司法向外部社会供给平和可控社会转型之符号意蕴。

一是认同实用工具主义〔1〕司法理念的司法运作。这是针对关于司法理念的传统观念所讲的。根据传统观念，构成司法运作指导理念的核心要素包括：司法应当以个案纠纷解决为核心目的而不应虑及个案外的宏观社会—政治发展目标、以法条主义为司法方法而不应考量实证法条本身的正当性、以符合法条为裁判正确性的至高判准而不必理会社会公众对裁判的接受性、仅以个案双方的“权利—义务”关系为定案事实而不应顾及个案裁判过程与结论对宏观社会—政治发展的影响等。换句话讲，司法过程及其产品绝不应当包含政治考量、政治判断，当然，司法也就是不需要并且不该需要法官政治智慧的工作。与上述传统观念不同，实用工具主义司法理念则认为上述在传统司法观念看来不应或者不必顾及、考量的因素，其实都是司法过程中必须顾及、考量的因素，甚至是比纠纷解决、实证法条、“权利—义务”关系等更应该、更有必要顾及、考量的因素。易言之，司法过程及其产品应该并且能够是“政治性”的，法官应该且能够在结构性裁判中彰显政治智慧——虽然司法不应当“政治化”，〔2〕而法官也不应当在司法裁判中充满“从政治到偏见到纯粹的坏脾气”等“各种形式的任性”〔3〕。因此，自传统司法理念来看，有计划社会变迁根本就不是司法运作应该关心的问题；唯有认同实用工具主义司法理念的司法运作，才有可能将有计划社会变迁问题纳入考量范围，进而才有可能通过司法促成有计划社会变迁。是故，若希望公众从司法运

---

〔1〕“实用工具主义”系借用美国法学家罗伯特·S. 萨默斯的表述。参见［美］罗伯特·S. 萨默斯：《美国实用工具主义法学》，柯华庆译，中国法制出版社2010年版。

〔2〕对司法的政治性与司法的政治化之间的差异的辨析，参见苏力：“经验地理解法官的思维和行为——波斯纳《法官如何思考》译后”，载《北方法学》2009年第1期；［美］理查德·波斯纳：《法官如何思考》，苏力译，北京大学出版社2009年版，尤其是该著第23、44、84、24—247、267、278页以及285页。

〔3〕［美］理查德·波斯纳：《法官如何思考》，苏力译，北京大学出版社2009年版，第105页。

作看到有计划社会变迁的希望，若希望司法承载社会公众对通过司法促成有计划社会变迁之期许，司法运作显然必须超越传统司法观念，认同实用工具主义司法理念。

二是完善的社会矛盾纠纷司法识别机制。这是相对于传统司法对社会矛盾纠纷类型单一化假定所讲的。根据传统司法学理和司法制度，司法应该并且能够解决的仅限于个体性社会矛盾纠纷，并且诉诸司法的社会矛盾纠纷也仅限于个体性社会矛盾纠纷，其他类型的社会矛盾纠纷即便存在，也是司法不应并且不能够解决的，因此也就根本不具有可司法性。基于对社会矛盾纠纷的这种单一化预设，传统司法对诉诸司法的社会矛盾纠纷的识别机制相应地也是单一化的，亦即将诉诸司法的全部社会矛盾纠纷都一律识别为个体性社会矛盾纠纷是传统司法矛盾纠纷识别机制的核心特点。传统司法在矛盾纠纷识别机制上的这种特点决定了结构性社会矛盾纠纷在司法运作中几乎是完全被遮蔽的。然而，在社会转型过程中尤其是社会转型步入社会“失衡”〔1〕状态时，大量结构性社会矛盾纠纷诉诸司法、大量结构性社会矛盾纠纷的利害关系人希望通过司法对结构性社会矛盾的个案性裁判实现累积性地改善社会结构之愿望。显然，值此社会情势下，若希望公众从司法运作看到有计划社会变迁的希望，若希望司法承载社会公众对通过司法促成有计划社会变迁之期许，司法运作就必须在矛盾纠纷识别机制方面打破传统窠臼，为结构性社会矛盾纠纷预留相应的司法识别机制。

三是法律知识与政治智慧、道德勇气兼备的司法裁判者群体。这是针对司法裁判者仅重法条知识而轻政治智慧、道德勇气这种倾向而言的。虽然从法律规定到学理叙说都可以找到对司法裁判者素质方面的若干要求，比如“有良好的政治、业务素质和良好的品行”“高等院校法律专业本科毕业或者高等院校非法律专业本科毕业具有法律专业知识，从事法律工作满二年，其中担任高级人民法院、最高人民法院法官，应当从事法律工作满三年；获得法律专业硕士学位、博士学位或者非法律专业硕士学位、博士学位具有法律专业知识，从事法律工作满一年，其中担任

〔1〕 此系借鉴社会学家孙立平教授的研究结论。参见孙立平：《失衡：断裂社会的动作逻辑》，社会科学文献出版社 2004 年版。

高级人民法院、最高人民法院法官，应当从事法律工作满二年。”（《中华人民共和国法官法》第9条第4项、第6项第1款）又比如“人格素质、品德素质、专业素质与实践经验”〔1〕，或者“坚定的无产阶级政治修养；法律与社会科学的知识结构；良好的思维特质；专业化的技术水平；职业性的道德品质”〔2〕，或者区分“理想法官”与“合格法官”而作更务实的考虑〔3〕。在这些规定或学理叙说中，除了“法律知识（或者说业务素质）”外，虽然也提到良好的政治素质、良好的品行等，但是这里所谓的政治素质特指政治立场坚定、政治观念正确，而所谓的良好品行特指司法裁判者在个人作风、个人道德等方面的要求。可问题是，这里提到的“良好的政治素质”“良好的品行”其实都只是普适于我国各类公务人员的基本要求，而不是司法产品人员特有的素质要素。因此，可以说，一方面，此前关于如何才算“合格”或者“好”的司法裁判者的评价标准，法律规定和学理叙说中所关注的实质上都仅仅集中在司法裁判者是否具备良好的法律素养，对于法律素养之外的其他职业素质极少关注。另一方面，考虑到一直以来盛行的法条主义思维，上述对司法裁判者所要求的良好的法律素养其实几乎可等同于实证法条素养，至于实证法条之外的法理素养等，亦不在考虑之列。姑且不论对于裁判传统司法所设想的案件类型来说，上述诸方面的要素是否涵盖了一个合格——更遑论优秀——的司法裁判者的素质中的关键方面，至少对于面对社会转型期的社会矛盾纠纷尤其是那些结构性社会矛盾纠纷的司法裁判者来说，仅具有上述诸方面素质，显然还难以胜任裁判工作。道理很简单，恰切裁判社会转型期的社会矛盾纠纷尤其是那些结构性社会矛盾纠纷，避免不了对宏观社会—政治问题的审慎判断、对社会结构性问题的深刻反思、对多元规范的理性考量等。而一个人纵然法条知识再丰富、政治素质再过硬、品行再高洁，显然也不见得能够恰切应付这些问题。因此，若希望公众从司法运作看到有计划社会变迁的希望，若希望司法承载社会公众对通过司法促成有计划社会变迁之期许，对操持司法运作的核心人员

---

〔1〕 刘霞：“法官素质：内涵及提升”，载《法律适用》2008年第7期。

〔2〕 瞿晓云：“中国法官素质问题初论”，华东政法学院2011年硕士学位论文。

〔3〕 苏力：“法官素质与法学院的教育”，载《法商研究》2004年第3期。

亦即司法裁判者的素质势必还应有更高的要求，这些更高的要求包括法律素养、政治智慧、道德勇气。其中，法律素养除了实证法知识外，同样重要的是法理素养；政治智慧除了政治素质过硬外，更要求成熟的政治智慧（比如对通过司法促成社会转型在避免政治与社会风险方面所具有的积极意义的政治判断力）；道德勇气除了个人品行不污外，更要求直面结构性社会矛盾、致力于个案性地解决结构性社会问题的勇气。

四是充分的司法论证。这是相对于传统司法尤其是我国传统司法在司法裁判说理方面的粗陋风格所讲的。截至目前，尽管包括“司法改革纲要”在内的相关规定和部分学者都曾多次提及“强化裁判文书的说理性”，但遗憾的是，“据法讲理、充分论证”似乎仍没有成为司法裁判者自觉的职业意识，而我国裁判文书说理粗陋的风格至今仍一如既往。如果说，假定仅仅是面对极其简单的矛盾纠纷、假定司法的目的仅仅是解决个案利益之争、假定仅仅只考虑实证法条意义上的正确性并且假定社会公众尚处于“民智未开”的状态，司法裁判的这种粗陋风格或许还具有一定的适应性，那么，当面对的是前述极其复杂的社会矛盾纠纷尤其是结构性社会矛盾纠纷、司法的目的已然不能仅限于解决个案利益之争而是还必须回应价值之争，裁判的正当性显然已不能仅以实证法条为唯一标准并且社会公众的政治意识、权利意识和知识层次都已到相当的高度时，指望以前述简单粗暴的说理就能够承载社会公众对司法的厚望的想法，显然不是天真，就是不负责任。因此，就当下及未来而言，若希望公众从司法运作看到有计划社会变迁的希望，若希望司法承载社会公众对通过司法促成有计划社会变迁之期许，司法运作就必须强化“据法讲理、充分论证”之职业意识，提高司法产品的论证质量。[1]

三、作为司法符号性供给之依赖条件的“外部想象”

所谓“对司法的想象”，指的是社会公众对司法的上述两个客观层面

---

〔1〕 有关司法论证问题的更多讨论，可参见申伟：“论我国法官的司法论证义务——兼及对‘法律逻辑学’的反思”，载《暨南学报（哲学社会科学版）》2015年第4期。

(即司法的静态“存在”与司法的动态运作)的主观赋值。并且,公众赋值堪称司法符号意蕴得以生成、释放的最关键条件。相较于司法符号性供给所依赖的上述“客观要素”,须特别强调的是社会成员对司法的主观“赋值”——对司法功能的评估、想象与期望——对司法符号意蕴的突出意义以及这一“赋值”过程的微妙所在。这种赋值过程,实质上是一个“观念在制度上的叠置”〔1〕的过程,反映的是“语言符号建构社会现实”的“魔幻作用”〔2〕。对符号对主观赋值的巨大依赖性这一点的最精炼概括,非沃格林的“符号是情感的浓缩物”〔3〕这一精彩评论莫属。

这里进一步讨论的是,当社会公众对司法具有怎样的认识和理解时,司法才可能具有并释放出前述三重符号意蕴。

本文认为只有当以下方面成为社会公众关于司法的认识与理解时,中国司法才有可能具有并释放相应的符号意蕴:一是,社会公众愿意将司法与政治—社会的现代性/法治化属性挂钩,并且相信司法是政治—社会的现代性/法治化属性的重要甚至核心表征;二是,社会公众至少在一定程度上相信前述基于国家—社会二元格局假定所建构的司法表征了社会自治性、法治的纯洁性;三是,社会公众至少在一定程度上相信结构性社会矛盾纠纷的可司法性、司法有能力解决结构性社会矛盾纠纷以及司法有意愿并且有能力通过个案促成社会顺利转型。这三点中,第一、二点实质是相通的,第三点与第一、二点差别较大。第一、二点归结起来,其实也就是说,社会公众至少在一定程度上是相信前述有关现代性/法治化与司法的深层勾连关系、国家—社会二元格局以及司法对现代性/法治化、社会自治、法治纯洁性的表征能力的种种预设。第三点,实质不在于社会公众相信关于司法的某种预设,而在于相信司法在促成社会转型方面的现实的意愿、能力以及外部社会尤其是政治力量对司法在促成社会转型方面所给予的容认空间、接纳态度以及支持

---

〔1〕[美]沃格林:《政治观念史稿·卷三:中世纪晚期》,段保良译,华东师范大学出版社2009年版,第145页。

〔2〕[美]沃格林:《政治观念史稿·卷一:希腊化、罗马和早期基督教》,谢华育译,华东师范大学出版社2007年版,第75页。

〔3〕[美]沃格林:《政治观念史稿·卷三:中世纪晚期》,段保良译,华东师范大学出版社2009年版,第156页。

力度。

然而，社会公众关于司法的上述三个方面的认识和理解，内部包含着两重较为深刻的矛盾。

第一重矛盾是社会公众对司法的传统认识和理解与晚近认识和理解之间的矛盾。这是指，上述三个方面的认识和理解中，有些认识和理解实质上与社会公众对司法的浅层次认识和理解更具有亲和性，而与社会公众对司法的深度认识和理解之间容易产生互斥。比如说，社会公众越是局限于关于司法的传统认识和理解，便越容易形成上述第一、二点认识和理解，但越是认同关于司法的传统认识和理解，便越不容易认可上述第三点认识和理解。反之亦然，即越是超越关于司法的传统认识和理解，便越容易认可上述第三点认识和理解，但越是超越关于司法的传统认识和理解，便越不容易继续认同上述第一、二点认识和理解。

第二重矛盾是社会公众形成上述认识和理解所依赖的司法理想面相与司法现实面相这两种不同的基础之间的矛盾。这是指，就中国现实情况看，社会公众的上述三个方面的认识和理解，其中第一、二点更多地依赖于人们信奉此前被建构起来的司法理想面相，而第三点则更多地依赖于司法的现实表现及其积极社会效果。其间的矛盾在于，如果社会公众信奉此前被建构起来的司法理想面相，固然容易认同上述第一、二点认识和理解，但基于同样的基础却难以自然地认同上述第三点认识和理解。反过来，如果社会公众对司法的现实表现及其积极社会效果抱有信心，并依此现实基础调适其关于司法的观念，那么固然容易认同上述第三点认识和理解，但如果强调司法观念的现实基础，却难以自然地认同上述第一、二点认识和理解。〔1〕

不过，吊诡的是，作为支撑社会公众对司法的三重想象（即三重符号意蕴）的条件，上述充满内部矛盾的三个方面却是必须同时存在的。也正因如此，社会公众对司法的主观赋值势必具有很大的不确定性和不稳定性。社会公众对司法的主观赋值具有不确定性和不稳定性，势必导致司法所具有的符号性意蕴以及司法向外部社会输出的符号性供给具有

〔1〕 在司法现实表现屡遭诟病的当下，试想如何指望人们自然地将中国司法视作现代性/法治化的表征符号？如何将中国司法视作社会自治性、法治纯洁性的表征？

不确定性和不稳定性。同样，也正是社会公众对司法的主观赋值具有的不确定性和不稳定性，势必要求我国国家治理的主导力量、司法改革顶层设计者在“征用司法符号”、发挥司法的符号性功能时，思虑和操作都必须尽可能审慎、周全。这正是笔者将另文讨论的话题。

评　论

Comments

审判责任追究标准的困境与出路

叶汉杰[1]

提　要：司法责任制是司法改革的“牛鼻子”，审判责任追究标准则是司法责任制的制度核心，审判责任追究标准的重要性可谓不言自明。考察当前审判责任追究标准的规定与实践，却能发现审判责任追究标准存在以下重大困境：标准不一致、不合理而且追责成效低下。突破困境，必须正确处理审判监督与审判独立的价值冲突，根据追责目的匹配构建责任体系，消除规定愿景与实践运行的现实差距。在此基础上，应当清理并统一审判责任追究标准，根据过错区分审判责任追究标准：对特定行为推定存在故意而无须以出现相应结果作为追责标准，相关特定行为限定为违反诉讼程序的行为、违反司法决策的行为以及违反职业伦理的行为，且特定行为应当兼具确定性与重要性；对非特定行为如无法确定存在故意，应当先行考察是否出现裁判错误并导致严重后果这一追责的启动要件，在确定存在启动要件的前提下再探寻是否存在重大过失这一追责的决定要件。

关键词：审判责任；追究标准；过错；特定行为

引言

“让审理者裁判，由裁判者负责”这一审判责任制精辟内涵的提出，既让广大法官看到司法改革推动独立审判的决心，又让广大法官因责任加重而产生担忧。有权必有责，法官们并不抗拒承担责任。追责制度是否合理，尤其是追责标准是否符合司法规律，这才是法官们担忧的核心

〔1〕 作者叶汉杰，广东省广州市天河区人民法院法官，Email：yehanjie@ 126. com。

所在。法官们的担忧多余吗？当你发现各类追责规定存在极大差异，当你发现追责实践与规定存在较大背离，当你发现相关学说与实践存在不少脱节，你就会发现法官们的担忧可能并非多余。司法责任制是司法改革的“牛鼻子”，审判责任追究标准是司法责任制的制度核心。追责标准不合理，不仅会造成错误追责，极大挫伤法官的积极性，更会造成遗漏追责，极大影响审判责任制的成效性。如此看来，必须立足于审判责任追究标准的规定与实践，探究其困境表现及困境根源，并进而探索制度出路。

一、审判责任追究标准的规范与实践

什么情况下需要追究法官的审判责任？就规定而言，有关审判责任追究标准的规定从全国到地方能清晰可查的有二三十种之多，而且不同规定所列的追责标准差异极大。就实践而言，与相关规定的纷繁复杂相反，能够清晰可查的追究法官审判责任事例反而数量不多，[1]而且追究标准与相关规定存在较大背离。

（一）审判责任追究标准的规范

审判责任追究标准的规定经历了从结果标准到行为标准，再到复合标准的发展过程。结果标准是指以出现特定结果作为追究标准；行为标准是指以出现特定行为作为追究标准；复合标准是指以兼具过错、行为或者结果等作为追究标准。三类标准本身又可作细化分类，且就现阶段而言各类追究标准均有相关规定，以下是相关介绍（见表1）。

---

〔1〕 根据互联网上公布的数据，江西省2014年有16名法官被追究办案过错责任，参见“去年江西16名法官被追究办案过错责任”，载 http://jiangxi.jxnews.com.cn/system/2015/01/28/013593156.shtml；湖南省2012年有14名法官被追究办案过错责任，参见“2012年湖南共14名法官被追究办案过错责任”，载 http://www.chinanews.com/fz/2013/01-17/4498467.shtml；上述报道均未提及追责的具体情形，此外未查到其他省份关于法官被追责的统计数据，访问时间为2016年7月18日。

表 1　审判责任追究标准规定的追责标准及示例

<table>
<tr><th colspan="2">审判责任追究标准规定示例 / 审判责任追究标准类型</th><th>相关规定示例</th></tr>
<tr><td rowspan="2">结果标准</td><td>模糊错案</td><td>“法官在执法活动中有下列情形之一的，应当追究责任：……（二）办理的刑事案件，定罪量刑错误的；……”〔1〕</td></tr>
<tr><td>明确错案</td><td>“审判机关所办案件，有下列情形之一的，属于错案：（一）原审人民法院判决错误，被二审人民法院改判，或者按照审判监督程序改判的；……”〔2〕</td></tr>
<tr><td rowspan="3">行为标准</td><td>违反诉讼程序</td><td>“违反法律规定，擅自对应当受理的案件不予受理，或者对不应当受理的案件违法受理，或者私自受理案件的。”〔3〕</td></tr>
<tr><td>违反决策程序</td><td>“私自制作诉讼文书，或者在制作诉讼文书时，故意违背合议庭评议结果、审判委员会决定的。”〔4〕</td></tr>
<tr><td>违反廉政纪律</td><td>“有下列情形之一的，应当依纪依法追究相关人员的违法审判责任：（1）审理案件时有贪污受贿、徇私舞弊、枉法裁判行为的；……”〔5〕</td></tr>
<tr><td rowspan="3">复合标准</td><td>过错+不当行为+严重后果</td><td>“因过失致使依法应当受理的案件未予受理，或者对不应当受理的案件违法受理，造成严重后果的。”〔6〕</td></tr>
<tr><td>过错+不当行为+错案</td><td>“故意违背事实和法律，作出错误裁判的。”〔7〕</td></tr>
<tr><td>过错+不当行为+错案+严重后果</td><td>“……因重大过失遗漏主要证据、重要情节导致裁判错误并造成严重后果的；”〔8〕</td></tr>
</table>

〔1〕《河北省错案和执法过错责任追究条例》第 6 条。本文所引法条均载于北大法宝数据库，访问时间为 2016 年 7 月 18 日。

〔2〕《江西省司法机关错案责任追究条例》（已废止）第 8 条。

〔3〕《人民法院审判人员违法审判责任追究办法（试行）》（以下简称《审判责任追究办法》）第 5 条。

〔4〕《审判责任追究办法》第 18 条第 1 款。

〔5〕《最高人民法院关于完善人民法院司法责任制的若干意见》（以下简称《司法责任制意见》）第 26 条。

〔6〕《审判责任追究办法》第 5 条第 2 款。

〔7〕《审判责任追究办法》第 14 条第 1 款。

〔8〕《司法责任制意见》第 26 条。

（二）审判责任追究标准的司法实践

就司法实践而言，虽然有关审判责任追究标准的规定很多，但审判责任追究标准的实践并未严格按照相关规定进行。相关实践具有以下两方面特点：

第一，普遍性少追责与极端性乱追责。首先，按规定该追责的未被追责，造成普遍性少追责。公开可查的追究审判责任的事例不多，虽不排除部分追责事例因没有公开而无法查证，但主要原因在于追究审判责任的情形总量较少。有课题组更指出追责规定极其缺乏操作性，因此实际追究违法审判责任的并不多。〔1〕其次，按规定不该追责的被追责，造成极端性乱追责。这种乱追责的主要目的是应对外部机关施加的压力，或当事人自残、上访等情形，通过追究法官责任平息纠纷。〔2〕

第二，表面上重实体与实际上重程序。通过对现行规定进行研究，可以发现大部分规定所列的追责标准均是针对“错案”或者“严重后果”等实体结果进行追责，明确以程序是否合法作为追责标准的规定不多。但据学者实证考察，错案追究的实践标准很大程度上已经演变为程序之治。〔3〕

（三）审判责任追究标准的困境表现

通过对上述有关审判责任追究标准规定及实践的考察，可以发现审判责任追究标准存在以下三大主要困境：

第一，追责标准不一致。一方面，不同规定之间的追责标准差异极大。就全国而言，最高人民法院出台《人民法院审判人员违法审判责任

---

〔1〕 广东省高级人民法院研究室理论研究小组：“法官办案责任制的健全和落实”，载《人民司法》2014年第7期。

〔2〕 典型例子是洛阳市李慧娟法官判决认定河南省人大通过的条例因抵触上位法无效，被河南省人大发文要求处理，法院据此作出免除李慧娟法官职务的决定。

〔3〕 王伦刚、刘思达：“从实体问责到程序之治——中国法院错案追究制运行的实证考察”，载《法学家》2016年第2期。该文对我国西南地区七个法院所认定的错案进行实证分析，并指出“程序之治”就是要求法官们按照现行有效的程序法办理案件，而对案件实体处理结果的错误则要宽容许多。

追究办法（试行）》（以下简称《审判责任追究办法》）、《人民法院工作人员处分条例》及《关于完善人民法院司法责任制的若干意见》（以下简称《司法责任制意见》）等对追责标准作出规定，而且相关规定不尽一致；就地方而言，江西、河北、河南、彭州等省市均出台相关文件对追责标准作出规定，相关规定各不相同且与最高人民法院作出的规定也不尽一致。〔1〕另一方面，司法实践中的追责标准也与现行规定存在较大背离，司法实践自有一套与规定不同的追责标准。

第二，追责标准不科学。主要体现在两个方面：一是追责标准缺乏操作性。部分追责标准，如上文所列的“模糊错案标准”，只规定对“错案”要追责而未明确何谓“错案”，缺乏操作性。二是追责标准缺乏合理性。部分追责标准，如上文所列的“明确错案标准”，直接规定二审改判即为“错案”，缺乏合理性。

第三，追责成效低下。追责标准不一致与不科学是追责标准的两个基本困境，其必然导致现行追责标准追责成效低下这一最终困境。追责成效低下主要表现为两点：首先，就追责主体而言，现行追责标准无法发挥其作为追责依据的工具价值。追责标准不一致致使追责主体无所适从，追责标准不科学又致使追责主体欲使不能。其次，就法官本身而言，现行追责标准无法发挥其作为行为参照的规范价值。追责标准不一致致使法官无从获取参照标准，追责标准不科学又致使法官无法据此规范行为。〔2〕

二、审判责任追究标准的困境根源

不解决审判责任追究标准的现实困境，谈何落实“由裁判者负责”，又谈何发挥司法责任制的“牛鼻子”作用？要突破困境，首先应当探究困境根源。笔者认为审判责任追究标准出现当前困境有三大根源：

---

〔1〕参见《江西省司法机关错案责任追究条例》《河北省错案和执法过错责任追究条例》《河南省高级人民法院错案责任终身追究办法（试行）》《彭州市人民法院错案责任追究办法（试行）》。

〔2〕如“明确错案标准”规定二审改判即为“错案”，二审是否改判这一结果非一审法官能够控制，一审法官无法根据该标准准确规范自己的行为。

（一）审判监督与审判独立的价值冲突

追究法官审判责任的一个重要目的在于监督审判权的行使，但监督审判权的同时不能损害审判独立。当前审判责任追究标准出现困境的根源之一在于审判监督与审判独立出现价值冲突。首先，追责标准的规定追求全面监督。现行追责标准起源于结果标准，是直接针对错案追究法官责任。虽然近年来无论司法界还是法学界，对于这种根据案件裁判结果来追究法官责任的制度，大多持批评态度，[1]但是，现行规定从未放弃以结果标准追究审判责任，部分规定甚至只有追责条款而没有免责条款，规定的主要目的在于监督，而不在于保障。其次，追责标准的实践反映保障审判独立。现阶段相关追责实践更为体现对审判独立的保障。该实践立足点主要有二：一是认为虽然结果错误但程序合法，相关审判行为不具有归责性；二是认为以程序违法这一行为外观作为追责标准，更具有操作性与可行性。因此，实践中多以程序是否合法作为追责标准，进而保障独立审判。如何在审判责任追究标准上处理审判监督和审判独立的价值冲突？笔者对此有以下看法：

第一，追责标准的构建适度偏向审判监督。首先，就司法现状而言，在目前裁判质量和司法公信力不高的情况下，在审判独立与责任的平衡上，应当适度向责任倾斜。[2]其次，就追责目的而言，审判责任追究的主要目的在于审判监督，而不在于保障审判独立。我们应当肯定司法制度的整体价值是追求审判监督与审判独立的平衡，但也应当明确审判责任追究标准这一具体制度的主要目的在于审判监督，追责标准与免责标准结合可以体现审判监督与审判独立的平衡，过分追求追责标准的保障功能显然是本末倒置。

第二，追责标准的构建避免冲击审判独立。强调追责标准的构建适度偏向审判监督，但不能因为审判监督而抹杀审判独立的价值。一方面，基于司法规律的要求，不能单纯因为裁判结果与客观事实不一致就认定该“错案”需要追责，应当尊重法官在符合程序要求及尽审慎义务前提

---

〔1〕 陈瑞华：“法官责任制度的三种模式”，载《法学研究》2015年第4期。

〔2〕 江必新：“关于法官审判责任追究若干问题的探讨”，载《法制日报》2015年10月28日第9版。

下的独立性。另一方面，基于司法制度的特点，不能单纯因为二审发回改判等就认定一审法官需要承责，完全抹杀不同审级之间法官的独立性。[1]

（二）追责目的与责任体系的匹配错位

追究法官责任的目的具有多样性，相应的责任体系亦应当具有多样性。当前审判责任追究标准出现困境的根源之一在于追责目的与责任体系的匹配错位，主要表现有二：第一，多种责任混淆错乱。现行有关审判责任的规定所指的“责任”不具有一致性——分别指司法责任、法官责任、错案责任以及审判责任，各种责任的内涵与外延也具有较大差异。多种责任混淆错乱不仅造成学界的讨论根本缺乏同一前提，[2]而且会导致实践的混乱。第二，一种责任涵括全部目的。追究法官责任的目的是多元的，责任种类应当有所区分，追责标准应当各有差异。部分追责规定和实践不区分追责的目的以及标准差异，统一以“审判责任”追究法官不同过错、程度下的责任，必然会导致追责不当。关于实现追责目的与责任体系相匹配，笔者有以下看法：

第一，区分各类型的责任种类。有必要对司法责任、法官责任、错案责任以及审判责任这几个相关规定中混用的责任概念进行梳理。首先，关于司法责任。司法责任包括审判责任、管理责任和监督责任，审判责任应为司法责任的其中一个类别。其次，关于法官责任。所谓法官责任应当是法官这一特定身份人员应当承担的责任。司法责任应当包括法官责任与非法官责任，如非法官在管理、监督上也存在司法责任。再次，关于错案责任。错案责任在地方规定中经常出现，该词最能体现对“错案”这一结果的追究，但事实上关于错案责任存在诸多理解。常见的区分是结果错案以及行为错案。前者是指因裁判结果有误被认定为错案，最终追究的是结果，后者是指因裁判过程有误被认定为错案，最终追究的是行为。[3]最后，

---

〔1〕单纯以二审是否改判等认定“错案”并追责，必然驱使一、二审法官作出裁判前先行沟通，是对审级制度独立性的重大冲击与破坏。

〔2〕部分研究成果虽然均研究“审判责任”，但追责标准差异颇大，根源在于所研究的“审判责任”不具有同一性。

〔3〕也有在同一法律文件中对“错案”同时存在以上两种理解。参见《河南省高级人民法院错案责任终身追究办法（试行）》第2条及第7条。

关于审判责任。《审判责任追究办法》第2条与《司法责任制意见》第25条对审判责任进行了具体界定，两者所指的审判责任都是行为责任〔1〕，可归结为行为错案，但后者单指法官审判责任，不包括前者规定的违法执行责任。为方便理解，笔者就上述各种责任的关系制成以下示意图（见图1）。

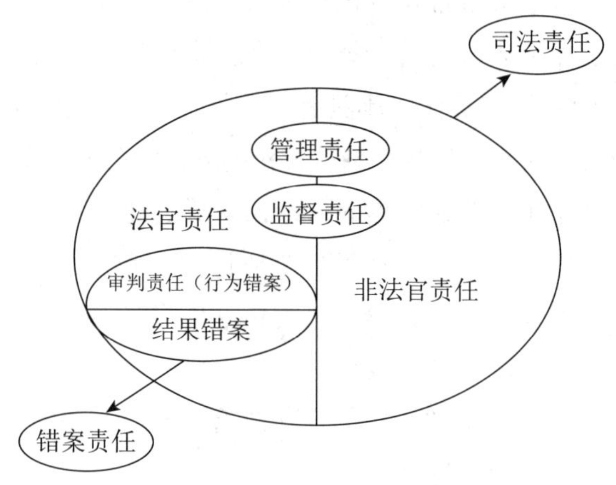

图1　各类型责任关系示意图

第二，明确核心性的审判责任。在对相关责任类型进行区分的基础上，有必要对其中核心的审判责任进行界定。笔者认为审判责任有以下几个特征。首先，追责的对象为法官。由于裁判权与执行权各有不同的权利行使要求，两者的追责标准应各有差异，作为审判责任追责对象的法官应仅指行使审判权的法官，不包括行使执行权的执行员。其次，追责的行为为审判行为。审判责任追究的行为应是在审判工作中的行为，具有领导职责的法官行使管理、监督权的行为以及法官在审判工作之外的行为不应作为审判责任的追究对象。最后，追责的行为应当具有严重性。一般的审判瑕疵行为，如裁判文书笔误等，不应作为审判责任的追究对象。

第三，构建多层次的责任体系。如上文所述，审判责任有其具体的

〔1〕所谓行为责任，是指最终追究的是行为，不是结果，但追责标准可以将特定结果作为要件。

特征要求，不能将所有与审判行为有关的法官责任都归结为审判责任。就法官在审判行为中应承担的责任而言，有必要按其追责目的与责任程度构建以下多层次的责任体系（见表2）。

表2　根据追责目的与责任程度构建责任体系

追责（免责）目的	责任程度[1]	责任类型
尊重司法规律，保障独立审判	极轻微	免除责任
提醒审慎注意，提升工作质量	轻微	瑕疵责任
规范审判行为，惩戒违法审判	严重	审判责任
构筑行为底线，制裁犯罪行为	极严重	刑事责任

（三）规定愿景与实践运行的现实差距

审判责任追究标准的规定多追求实现“有错必究”，但审判责任追究标准的实践运行却发现“有错必究”的愿景无法实现，这种现实差距体现在以下两个方面：第一，何谓错案标准不明。不少规定明确“错案”应当追责，以实现“有错必究”。这种规定的制定目的无疑是正确的，但是实践中发现规定所指的“错案”不具有可归责性，例如以二审发回改判为标准的“明确错案标准”。针对错案标准的复杂性，部分规定推出“模糊错案标准”，不具体规定何谓错案，而直接规定错案应追责，本想为追责实践留下裁量空间，但实际上致使追责实践无所适从，只能背离相关规定要求“有错必究”的愿景，自行设定追责标准。第二，追求全面标准抽象。不少规定为了实现“有错必究”的愿景，追求追责标准的全面性，甚至为了追责全面制定抽象的追责标准。例如部分规定以“其他违法行为”作为兜底条款进行追责，[2]该追责标准确实相当全面，但是实践中基本难以适用——因无法确定何为“其他违法行为”而不具备操作性，且对所有违法行为不问过错、程度、结果一律追责也缺乏合理性。如何消除规定愿景与实践运行的现实差距，笔者有以下对策：

---

〔1〕责任程度并未单以结果严重程度作为衡量依据，而是综合考虑过错、行为等要素。

〔2〕《河北省错案和执法过错责任追究条例》第6条第10款。

第一，追究结果转变为追究行为。一方面，应当果断放弃单纯针对特定结果的追责标准。不能简单地把出现“错案”或者严重后果作为追责依据，应当将追责对象明确为审判行为而非审判结果。另一方面，追究结果转变为追究行为并不意味着对特定结果的出现不予追究，应当将出现“错案”或者严重后果作为追究审判责任的线索或者启动条件，再结合其他要件追究审判责任。

第二，全面追责转变为科学追责。我们制定追责标准应当舍弃全面追责，转变为科学追责，理由有三：首先，这是尊重司法规律的需要。法官是世界上最接近神的职业，因为他有权认定事实与判定责任。但法官毕竟不是神，最审慎的法官也可能把案子搞错。[1]不论过错、程度无一例外地全面追究审判责任必然极大挫伤法官的积极性，而且也必然与司法规律相悖。其次，这是构建责任体系的需要。如上所述，应就法官在审判行为中应承担的责任构建多层次的责任体系，责任体系整体发挥作用就能实现全面追责的目的，审判责任作为责任体系的其中一环不需要追求全面追责。最后，这是对接实践的需要。部分规定为了实现全面追责，不惜将追责标准制定得尽量模糊，这必然导致追责实践的困惑。徒法不足以自行，制定追责标准应当充分考虑能否施行，因此应当制定具体化、可操作的追责标准，突显科学追责而非全面追责。

三、出路探索：审判责任追究标准的重整与构建

立足于认清审判责任追究标准困境根源的基础上，有必要对审判责任追究标准进行重整与构建。重整，是指清理不合理的追责标准；构建，是指重建合理的追责标准。

（一）清理并统一审判责任追究标准

针对现阶段全国和地方均有出台审判责任追究标准的规定，且相关

---

〔1〕［法］勒内·弗洛里奥：《错案》，赵淑美、张洪竹译，法律出版社2013年版，第4页。

规定极为不一致的现状，笔者有以下看法：

第一，全面清理地方立法中有关审判责任追究标准的规定。我国《法官法》明确规定：法官非因法定事由、非经法定程序，不被免职、降职、辞退或者处分。此处所指的“法”应严格限定为法律，地方出台规定认定审判责任不仅有违《法官法》的相关规定，也必然冲击宪法赋予法院的独立审判权。事实上，现在不少地方已发现该问题并进行相应整改，[1]剩余未整改的规定应当加快整改步伐。

第二，应从全国立法层面明确审判责任的追究标准。当前从全国层面对审判责任追究标准作出明确规定的为最高人民法院出台的《审判责任追究办法》《司法责任制意见》以及《人民法院工作人员处分条例》，但三者所规定的追责标准与追责情形各有差异。《司法责任制意见》所规定的追责对象、追责要件等明显与之前的规定不同，但《司法责任制意见》为指导司法改革的法律文件，其本身没有直接的法律效力，已有文件是否应当根据《司法责任制意见》的精神作出修订值得研究。审判责任追究标准的重要性已毋庸赘言，因此有必要从全国立法层面统一审判责任的追究标准。

（二）根据过错区分审判责任追究标准

如前所述，绝不能不论过错直接对“错案”与严重后果追究审判责任，过错在审判责任追究标准中有两大作用：第一，具备过错是追责的必要前提。第二，不同过错决定追责的不同标准。以下分别论述：

第一，主观过错是追究审判责任的必要标准。一方面，缺乏主观过错的行为与结果不具有可归责性。作为审判责任追责标准必要条件的过错应当包括故意和重大过失，不包括一般过失。另一方面，强调以过错作为追责要件并非意味着对无过错的“错案”不予处理，可以通过二审、审判监督以及国家赔偿程序等进行处理，而无须对法官进行追责。

第二，过错不同对应的追责标准有所差异。主要理由在于应予追责

---

〔1〕参见《海南省人民代表大会常务委员会关于废止〈海南省各级人民法院、人民检察院、公安机关错案责任追究条例〉的决定》以及《淮南市人民代表大会常务委员会关于废止〈淮南市司法机关追究错案责任条例〉的决定》等文件。

的审判行为应当具有严重性，因此在故意情况下存在不当审判行为即达到应予追责的严重程度，但在重大过失情况下不仅需要存在不当审判行为，还需要存在错误裁判并导致严重后果才达到应予追责的严重程度。

（三）故意情况下的审判责任追究标准

笔者强调故意与重大过失情况追责标准各有不同，仅是就过错不同对追责要件进行分类，实践中判断是否应予追责应当首先从客观方面进行分析，转而探求主观上是否具备追责要件。笔者对故意情况下的审判责任追究标准有以下思考：

第一，出现特定行为可推定存在故意。可推定为存在故意并直接追责的特定行为包括三类：一是违反诉讼程序的行为；二是违反司法决策的行为；三是违反职业伦理的行为。而且推定为存在故意并可直接追责的行为应当具备两个特征：一是确定性，相关行为依法具有不可选择性，例如应按照合议庭评议结果制作诉讼文书等。因上述行为不具有可选择性，法官对相关程序及流程应当熟知并遵守，一旦违反则可认定为“故意”。二是重要性，相关行为是否具有重要性可根据是否影响公正裁判作出判断。如按照合议庭评议结果制作诉讼文书应为重要的确定性流程，违反该流程实际是违反合议制，必将影响公正裁判。又如法院工作人员外出调查应当穿着制服，该规定具有确定性，但是不穿制服进行调查不会直接影响公正裁判，不能单独对不穿制服调查的行为追究审判责任。

第二，出现特定行为无须以结果作为追责要件。一方面，如前所述，因为确定性行为不具有选择性，且已限定为具有重要性的行为，一旦违反即可能影响公正裁判。另一方面，追责的意义不仅在于事后纠正，更在于事前预防。不以结果为追责要件，对违反重要确定性程序、流程及伦理规范的行为予以追责才能充分保障程序的自身价值。

第三，对于非特定行为认定存在故意应谨慎。首先，从认定标准来看，法官某些行为是否存在故意难以准确认定。例如对于当事人申请调查取证是否准许，法官有权进行裁量，对于此类行为不考虑其他因素直接认定故意存在难度。其次，从追责要件来看，不当审判行为结合故意已可直接追责，对此必须慎之又慎。尤其是在不能准确认定存在故意的情况下，应当转向以存在裁判错误并导致严重后果作为追责的启动条件，并进而探求是否存在重大过失。

（四）重大过失情况下审判责任追究标准

在没有出现上文所指的特定行为，或者对非特定行为是否存在故意具有疑问的情况下，应当首先考察是否具有特定结果，在具备结果的基础上再判断是否存在重大过失，综合判断应否追究审判责任。

第一，以裁判错误并导致严重后果作为追责的启动标准。对此，必须把握两点：首先，出现特定结果是追责的启动条件。没有结果出现无须启动追责程序，因为该审判行为不具有严重性，无须追究审判责任。其次，特定结果应当同时具备裁判错误并导致严重后果两个要件。相关裁判不仅包括结案裁判，也包括过程裁判，如保全裁定。裁判错误应指颠覆性的错误，刑事案件把无罪认定为有罪或有罪认定为无罪作为需要问责的错案，民事、行政案件将裁判完全改变前审级的判决、前审级在性质判断上存在颠倒性错误作为需要问责的错案。〔1〕严重后果是指重大人身伤亡及财产损失，且严重后果必须是因裁判错误直接导致的。〔2〕

第二，以存在重大过失作为追责的决定标准。在出现裁判错误并导致严重后果这一前提下，最终应当以是否存在重大过失作为追责的决定标准。基于法官无法拒绝裁判的必然性、复原客观事实的困难性以及理解适用法律的差异性，作为审判责任追责标准要件的重大过失，其程度应当从严把握。不仅不能是一般过失，而且程度“应当高于法律对行政人员所规定的‘重大过失’”。〔3〕笔者认为作为追责标准要件的重大过失是指尽到一般注意义务即可避免相关结果，但因重大疏忽大意没有预

〔1〕 朱孝清：“错案责任追究与豁免”，载《中国法学》2016年第2期。该文同时指出错案的认定应当考虑事实、证据、法律是否变更等要素。

〔2〕 尤其应当注意当事人因裁判错误自杀、自残及上访等，并非裁判错误直接导致的结果，不能因此直接追究审判责任。最高人民法院司法改革领导小组也持此观点，参见最高人民法院司法改革领导小组办公室编著：《〈最高人民法院关于完善人民法院司法责任制的若干意见〉读本》，人民法院出版社2015年版，第200页。

〔3〕 朱孝清：“错案责任追究与豁免”，载《中国法学》2016年第2期。

见该结果，或者已预见该结果但因重大轻信而没有避免。

第三，为方便理解，笔者就审判责任追究标准制成下表（见表3），司法实践中可根据该表从左至右逐项判断决定应否追责。

表3 审判责任追究标准及判断流程

<table>
<tr><th colspan="2">行为</th><th>主观</th><th>结果</th><th>是否追责</th></tr>
<tr><td rowspan="3">特定行为（确定性、严重性）</td><td>违反诉讼程序</td><td rowspan="3">推定故意</td><td rowspan="3">无需结果</td><td rowspan="3">追责</td></tr>
<tr><td>违反决策程序</td></tr>
<tr><td>违反职业伦理</td></tr>
<tr><td colspan="2" rowspan="3">非特定行为</td><td>确定故意</td><td>无需结果</td><td>追责</td></tr>
<tr><td rowspan="2">不确定故意</td><td rowspan="2">裁判错误并导致严重后果（追责启动标准）</td><td>重大过失（追责决定标准）：追责</td></tr>
<tr><td>无重大过失（追责决定标准）：不予追责</td></tr>
</table>

四、结语

当前审判责任追究标准的规定与实践困境重重：标准不一致、不合理而且追责成效低下。困境不破，必然无法实现司法责任制的“牛鼻子”作用，司法改革的成效也必然大打折扣。突破困境，必须正确处理审判监督与审判独立的价值冲突，根据追责目的匹配构建责任体系并消除规定愿景与实践运行的现实差距。在此基础上，应当清理并统一审判责任追究标准，根据过错区分审判责任追究标准，并准确界定故意与重大过失情况下的不同追责标准。

争　鸣

Academic Debate

法院如何道歉：法院自赔案件道歉条款的限缩适用与行为范式

——以最高人民法院公开的46份赔偿决定书为研究范本

郭　玉〔1〕

提　要： 法院对错案向当事人“赔礼道歉”是《中华人民共和国国家赔偿法》（以下简称《国家赔偿法》）规定的一种赔偿方式。然而《国家赔偿法》及司法解释对赔礼道歉的规定仅有原则性规定，导致实务工作中怎样操作存在大量争议和困扰。民众和司法机关对赔礼道歉的认识存在双重分歧：一方面，根据损失放大效应，当事人对自己遭受的损失在心理感受上总是会不自觉放大的，对获得道歉的法定权力期待极高。而赔偿法院在作出赔礼道歉的决定时，显示出若干犹豫或者委屈，这其中既有正当考量，又有本能回避，还有因缺乏操作指引而造成的困扰，最终结果往往与赔偿请求人的期待形成巨大落差，不但不能完成受害人内心修复的良好期待，反而继续恶化了与当事人的关系。另一方面，上下级法院对同一损害事实作出相反赔偿决定的情况普遍，案件在不同地区、不同层级的认识不能统一，严重削弱了法院形象。回到现实，承认司法是一个特殊的领域，承认道歉自带的人格贬抑属性将在一定范围内不可避免地对司法权威构成减损。为此，可以尝试梳理常见错案的责任关系，设立道歉的责任原则，改变司法机关面对任何错案都要赔礼道歉的不当情形，合理降低当事人过高的期望值，同时就法院如何道歉提出若干细节上的优化建议。

关键词： 自赔案件；赔礼道歉；期望值；行为范式

---

〔1〕 作者郭玉，广东省广州市越秀区人民法院刑事审判庭法官，Email：nicolec@qq.com。

我们不是因为没有错误而成为终极权威，我们只是因为终极权威而没有错误。

——美国联邦最高法院大法官罗伯特·H. 杰克逊

赔礼道歉，原本是自然人之间在发生侵权事实之后，侵权人基于内心的不安，自觉自愿地向受害人表达内心的悔过和内疚，以自我的人格贬抑为基础，使受害人感到慰藉并以此请求受害人谅解的过程。在民事侵权领域，侵害被限定在姓名权、肖像权、名誉权、荣誉权领域，致歉的方式由自愿道歉变成由国家强制力保证下的道歉，但其性质仍然是平等民事主体之间的行为模式。《国家赔偿法》第35条规定，国家机关作出了国家赔偿法规定的人身侵权行为，并且因此造成了当事人的精神损害事实，就应当由国家机关作出“消除影响，恢复名誉，赔礼道歉”的赔偿，不足以弥补精神损失的，还要赔偿抚慰金。在国家赔偿语境下，赔礼道歉正式成为精神损害赔偿方式。

一、双重分歧：司法机关赔礼道歉的实际效果

2016年7月，云南省高级人民法院副院长向赔偿请求人钱仁凤90度弯腰鞠躬道歉，社会各界对此表示褒扬。以朴素的是非观看道歉问题，有错者，站出来道歉，连国家机关也不能例外，似乎毋庸置疑。然而实务中并非如此顺遂，赔偿法院在作决定时显示出若干犹豫或者委屈，这其中既有对法院行为违法性的考量，又有对实际履行道歉责任的操作难题的本能回避，还有因法律法规缺乏操作细则的指引而造成的困扰与担忧，最终结果一旦与赔偿请求人的期待形成巨大落差，不但不能完成受害人内心修复的良好期待，反而会更加恶化与当事人的关系。

在最高人民法院网上公开的赔偿决定书中，笔者以关键字检索及手工排查的方式，找出了法院自赔案件中包含“赔礼道歉”请求的所有文

书，共46份，作为研究样本。[1] 研究发现民众和司法机关对赔礼道歉的认识存在双重分歧。

（一）赔偿请求人过高的期待与法院较低的实际履行能力之间存在重大分歧

1. 能否获得道歉

根据表1,[2] 约有47.82%的赔偿请求人实际上没有获得赔礼道歉支持。[3] 错误的有罪认定对当事人而言，不但意味着其声誉会受到外界极低的社会评价，而且一般会在一个固定的时间内丧失人身自由，以及必然会遭受巨大精神痛苦。根据损失放大效应，当事人对于自己遭受的损失在心理感受上总是会不自觉放大的，在遭遇错误的司法处置之后，没有人认为自己不应被赔礼道歉。在日常生活中，道歉的应用灵活度高，无论是过错、无心之过失，甚至出于礼貌，都可以以道歉的方式调和双方关系。国家赔偿意义上的道歉应然且实然地存在若干适用条件，与日常话语中的道歉并不一致。在这种认识模糊的状态下，国家赔偿案件法院认为不适用道歉，极容易让当事人产生法院不愿认错的错觉。这导致赔偿请求人心理感受的第一重落差。

表1 赔偿义务机关与上级法院赔偿委员会关于赔偿决定的对比

赔偿义务机关的赔偿决定	上级法院赔偿委员会的决定	数量	比例
不道歉	×	8	17.39%
不道歉	不道歉	14	30.43%
不道歉	道歉	14	30.43%
道歉	×	4	8.70%
道歉	道歉	6	13.04%

〔1〕以“赔偿决定书”为关键字，检索到文书2 733份，涉及“赔礼道歉”请求的文书193份。对193份文书逐一筛查，赔偿义务机关为行政机关的为66份，赔偿义务机关为公安及检察院的为81份，剩余46份赔偿义务机关为法院。

〔2〕表1中的“×”号表示该案由赔偿义务机关作出赔偿决定即生效，赔偿请求人未向上级法院赔偿委员会请求重新作出决定。

〔3〕赔偿法院驳回赔礼道歉请求的决定生效，占17.39%的赔偿法院驳回道歉请求，赔偿请求人不服，上级法院赔偿委员维持的占30.43%，两者合计47.82%。

2. 能够获得何种形式的道歉

根据表2案例1—6〔1〕，赔偿请求人往往基于自身需要提出五花八门的操作方法，然而实务中，即便该项请求获得了支持，要么只是原则上的同意赔偿，要么就是根据法院实操问题进行若干变通处理。法院若不能满足道歉形式的请求，容易给当事人产生法院不够有诚意的感觉，导致第二重感觉落差。

表2　案例1—6关于道歉的赔偿请求及处理结果

	关于道歉的赔偿请求	处理结果
案例1	余东风以无罪羁押为由申请宿州市埇桥区人民法院赔偿一案，余东风要求法院在安徽省宿州市及江苏省徐州市范围内连续30日登报道歉、消除不良影响	未对实际要求予以支持，在决定书中写明“消除影响，恢复名誉”，没有支持“赔礼道歉”
案例2	郑黎明以无罪羁押为由申请杭州市萧山区人民法院赔偿一案，郑黎明要求杭州市萧山区人民法院为郑黎明消除影响、恢复名誉，在《钱江晚报》《都市快报》《浙江法制报》《中国企业报》等刊登书面赔礼道歉10次	赔偿义务法院在决定书中载明将通过向郑黎明住所地基层组织和相关办案单位寄发本案赔偿决定书的方式予以实现，并未在决定书主文中列明
案例3	孙某因再审改判无罪申请宽甸满族自治县人民法院赔偿一案，孙某以宽甸满族自治县有线电视台做过有罪报道为由，要求在丹东电视台、《丹东日报》、宽甸电视台等媒体上公开赔礼道歉，消除影响、恢复名誉	赔偿义务法院决定在孙某的居住地以适当方式公开为受害人消除影响、恢复名誉
案例4	李某以重审无罪为由申请辽宁省丹东市中级人民法院赔偿一案，赔偿请求人李某之子要求在《新京报》等全国性报纸上公开为李某消除影响、恢复名誉、赔礼道歉	法院决定在《丹东日报》《延边日报》两份报纸上公开为李某恢复名誉、消除影响、赔礼道歉，并将详细内容写入了决定书主文
案例5	贾丽敏以再审改判无罪为由申请湖北省荆门市中级人民法院赔偿一案，贾丽敏要求法院在《荆门晚报》上刊登湖北省高级人民法院再审判决认定的事实和法律适用的判决主文，为其恢	不予支持。理由是贾丽敏申请国赔时，荆门市中级人民法院工作人员曾向其口头道歉。在上级法院主持双方质证时，荆门市中级人民法院委托代理人再次道歉，且

〔1〕（2015）宿中法委赔字第8号、（2013）杭萧法赔字第1号、（2015）丹法委赔字第7号、（2014）丹法赔字第2号、（2014）鄂荆门法赔字第1号、（2015）甘法委赔字第1号。

续表

	关于道歉的赔偿请求	处理结果
	复名誉、消除影响、公开道歉	决定支付3万元精神损害抚慰金，无罪判决已上网公布
案例6	任明芳以二审无罪为由请求定西市中级人民法院赔偿一案，任明芳要求法院在省级报刊和网络媒体上为任明芳消除影响、恢复名誉、赔礼道歉	上级法院赔偿委员会决定在任明芳所在乡为其消除影响、恢复名誉；该案系因证据不足判决无罪的案件，定西市中级人民法院已经决定消除影响、恢复名誉，对赔礼道歉的请求不予支持

3. 能否接受妥协做法

赔偿请求人要求法院赔礼道歉，应该是希望赔偿义务机关以一种认真、公开的态度进行，对于上级法院将听证中的当庭道歉视为已履行相关请求的认定，如案例7—8[1]，赔偿请求人能否接受，是一个值得考虑的问题。另外，现实中还有一种颇为常见的处理方法是，上级机关组织质证期间，赔偿请求人及法院双方基于种种原因达成某种都能接受的结果，比如案例9[2]，赔偿请求人撤回赔礼道歉的请求，由上级法院决定支持一定的精神损害抚慰金作为补偿。

表3　案例7—9关于道歉的赔偿请求及处理结果

	关于道歉的赔偿请求	处理结果
案例7	张光义以再审无罪为由申请合阳县人民法院赔偿一案，张光义要求法院对其造成的侵害消除影响、恢复名誉并赔礼道歉	不予支持。在上级法院听证期间，赔偿义务机关当庭对请求人表示赔礼道歉
案例8	赵志刚以重审无罪为由请求锦州市古塔区人民法院赔偿一案，赵志刚要求古塔区人民法院对其消除影响、恢复名誉、赔礼道歉	不予支持。赔偿义务机关工作人员到赔偿请求人的工作单位为其消除影响、恢复名誉。在质证时，赔偿义务机关的委托代理人当场向赔偿请求人道歉

〔1〕（2015）渭中法委赔字第6号、（2014）锦法委赔字第11号。
〔2〕（2015）甘法委赔字第2号。

续表

	关于道歉的赔偿请求	处理结果
案例9	陈琴琴以二审无罪为由申请甘肃省定西市中级人民法院国家赔偿一案，陈琴琴要求定西市中级人民法院为其消除影响、恢复名誉、赔礼道歉	赔偿义务法院对消除影响、恢复名誉的请求予以支持，但是驳回了精神损害抚慰金的请求。陈琴琴不服，但在上级法院组织质证期间，陈琴琴不但放弃了赔礼道歉的请求，连已经获得支持的消除影响、恢复名誉的请求也撤回了。上级法院最终决定，支持陈琴琴一定的精神损害抚慰金

（二）法院认识之分歧

1. 两级法院在是否道歉问题上的分歧

不是任何的错案都要作出赔礼道歉的决定。虽然普通民众不了解个中原委，但对于司法部门来说，应该是共识。根据《国家赔偿法》以及最高人民法院《关于人民法院赔偿委员会审理国家赔偿案件适用精神损害赔偿若干问题的意见》（以下简称《意见》）的精神，道歉前提是存在精神损害。而《意见》特别强调，适用精神损害赔偿条款的要严格依法进行，不得擅自扩大和缩小精神损害适用范围，还要根据法院过错情况综合考量。除了《意见》列举的死亡、残疾、重伤、严重精神障碍等应认定精神损害后果严重，大部分情况靠法院酌定。两级法院在酌定的倾向性上存在显著差异。赔偿法院有更强烈的不赔礼道歉的冲动，其作出不赔礼道歉决定的比例在全部46件案件中占到了78.26%。赔偿机关决定不道歉，而被上级法院纠正的，占所有由上级法院赔偿委员会作出决定的34件案件的41.18%。上级法院由于在道义上及具体事务上都没有负重，因此更容易用一种超然姿态对待道歉请求。

2. 不同法院对道歉内容在决定书中如何呈现存在分歧

主文表述如何规范本来是一个低级的问题，在道歉问题上，两级法院却似乎没有达成一致，在46个案例中，除案例10〔1〕外还有另外两个案件存在同样的问题。此外，不同法院在赔礼道歉内容是否写入主文问

〔1〕 案例来源于中国裁判文书网，案号（2014）皖法委赔字第1号。

题上都似乎没有达成一致。大部分法院能够将道歉作为决定书主文来写，而案例11[1]中上级法院虽然撤销了赔偿法院不道歉的决定，但也并没有将道歉写入决定书主文，仅在说理部分表明态度。

表4　案例10—11关于道歉的赔偿请求及处理结果

	关于道歉的赔偿请求	赔偿义务法院处理结果	上级法院处理结果
案例10	吕峰因重审无罪申请安徽省铜陵市中级人民法院赔偿一案，吕峰请求法院在社会上和赔偿请求人单位消除不良影响，赔礼道歉，与赔偿请求人单位协商安排好赔偿请求人工作	赔偿义务法院相关决定为："二、口头向吕峰赔礼道歉并在职权范围内为其消除影响……"吕峰不满，向上级法院提出铜陵市中级人民法院在赔偿决定书中一笔带过，只作出一个口头道歉决定，且至今也没有任何人说声对不起……	上级法院认为赔偿义务法院关于"口头"道歉的表述不符合法律规定，撤销相关决定，并进行了规范书写："在侵权影响范围内，为吕峰消除影响，恢复名誉，赔礼道歉。"
案例11	安西锋、安文学以无罪羁押为由申请渭南市蒲城县人民法院国家赔偿一案，安西锋、安文学要求法院赔礼道歉。赔偿义务法院驳回安西锋关于赔礼道歉的请求，并决定对安文学不予赔偿	上级法院认为应当赔礼道歉，但仅有撤销赔偿义务法院关于驳回安西锋赔礼道歉请求的内容，无责令道歉主文	

3. 如何处理道歉和赔钱的关系

根据《国家赔偿法》第35条，精神损害按照严重程度，可以分为两个层次：第一层次，一般精神损害，赔偿方式为"消除影响，恢复名誉，赔礼道歉"；第二层次，严重精神损害，还应该给付精神损害抚慰金。《意见》[2]专门论述了道歉和赔钱两种责任的内在关系，如果认为属于严

[1] 案例来源于中国裁判文书网，案号（2015）渭中法委赔字第5号。

[2] 《意见》第5条："人民法院赔偿委员会适用精神损害赔偿条款，应当妥善处理'消除影响，恢复名誉，赔礼道歉'与'支付相应的精神损害抚慰金'两种责任方式的内在关系。……侵权行为致人精神损害且造成严重后果的，人民法院赔偿委员会除依照前述规定决定由赔偿义务机关为受害人消除影响、恢复名誉或者向其赔礼道歉外，还应当决定由赔偿义务机关支付相应的精神损害抚慰金。"

重精神损害，那么道歉和赔钱应当一并支持，两者在第二个层次上是绑定关系。案例12〔1〕最终没有按照上述关系处理，属于愿意赔钱，却不愿意道歉，与上述精神相悖。

表5 案例12 关于道歉的赔偿请求及处理结果

	关于道歉的赔偿请求	赔偿义务法院处理结果	上级法院处理结果
案例12	郑新国以二审无罪为由申请遵义市红花岗区人民法院国家赔偿一案，赔偿请求人郑新国对消除影响，恢复名誉，赔礼道歉以及精神损害抚慰金皆有请求	赔偿义务法院对两项请求皆不予支持	上级法院只支持了精神损害抚慰金，并且在说理部分载明："赔偿委员会已经认定郑新国精神损害严重，决定支付相应的精神抚慰金，故对该项目（消除影响，恢复名誉，赔礼道歉）请求不再支持。"

二、理性反思：赔礼道歉在国家赔偿语境下的局限性

赔礼道歉制度在法院自赔案件中的实际运行状况不佳，在目的与效果之间出现了可能不易察觉但是确实存在的鸿沟。民众对赔礼道歉的超高期待与义务机关难以兑现之间的矛盾成为其主要矛盾——一边是受害者的执着，一边是赔偿义务机关"或无或虚"〔2〕的回应。赔礼道歉并不像学者想象中那样成为受害人的安慰剂、成为社会矛盾的润滑剂、成为弥合社会关系的灵丹妙药，反而极易恶化双方关系。

（一）法人作为侵权致歉人的理论悖论

赔礼道歉，从本质上讲，是一种源自致歉人内心的愧疚感，基于悔意承认自己的行为给对方带来了伤害，这个内心历程是赔礼道歉应该具

〔1〕 案例来源于中国裁判文书网，案号（2014）遵市法委赔字第4号。
〔2〕 李喜莲、孙晶："'秋菊'式诉求的回应——论国家赔偿中赔礼道歉责任的司法适用"，载《法律科学（西北政法大学学报）》2014年第5期。

备的要件，否则单纯地证明一个无罪者的清白实际上变成了“消除影响”和“恢复名誉”。第一，如何让一个机构产生愧疚感。既不可能让不具有人类思想活动的“机构”本身产生愧疚心理，也不应当更不可能让机构中的每一个组成成员全部都背负此种责任。第二，代表法人出面道歉的人将替法人背负愧疚感，由个人背负集体的过错在道义上讲是否合适？第三，道歉过程对道歉效果至关重要，如何保证致歉人认真虔诚？如果致歉人流露出一丝虚伪、敷衍甚至傲慢，一定会被敏感的受害人发现，社会效果将走向不可控的负面。行为可以强制，心理状态没法强制，尤其是当致歉人是不情愿地“被选中”时。

（二）法院作为错案致歉人的理论悖论

法院作为强制致歉的对象，利弊哪个更大这是由司法的特殊性决定的。

第一，道歉带有对致歉人的人格贬抑，在司法领域会不可避免地加剧民众对司法权威的不信任感。正如本文开篇引述的美国联邦大法官杰克逊的著名言论：“我们不是因为没有错误而成为终极权威，我们只是因为终极权威而没有错误。”此言用一种掷地有声的硬朗自信表明了法院安身立命的根基，就在于这个终极权威性。根据传播学理论，负面新闻的传播效率总是远远大于正面新闻，这种贬抑法院权威、自我动摇的做法实在是得不偿失。根据最高人民法院 2016 年工作报告，2015 年各级法院再审改判刑事案件 1 357 件，仅就刑事错案而言，如果每一个案件都去满足当事人的各种道歉请求，则道歉请求会越来越复杂，要求会越来越高，民众可能平均每天都会在媒体上看到 3. 8 个法院道歉公告，足以开设一个版面不小的法院道歉专栏。权威需要维护，管理需要技巧。法院更应当做的，是及时纠正错误，尽可能做好经济赔偿，做好内部追责与防范。人为扩大负面消息的传播，实非明智之举。

第二，在谁来代表法院致歉的问题上，更应慎重。对于行政机关乃至公安、检察机关来讲，负责人出面道歉是合理的，因为机构内部是上下级领导关系，单位负责人对具体的侵权行为人负有管理上的责任，就管理不善产生悔意合乎逻辑。但法院不同。法院的内部结构决定了法官对承办的案件负有独立的责任。院长虽然主管全院事务，但并不是每个具体案件的责任人。法官经过人大任命，就独立地行使着审判权，如果出现错案，让法院负责人出面就管理责任道歉，较为牵强。那是否就应该让案件承办法官作为致歉人？笔者认为更为不妥。法官在落笔写下判决时，代表的不是法官本人，而是国家。因职务行为带来的后果，应由国家机关来承担，否则任何一个个人都无法承担剥夺他人自由乃至生命之沉重责任，这就是国家赔偿是由财政支付的原因。根据实际进行内部追责可以，但面对当事人对外道歉一事绝不可以再将法官推到刀口之上，这是对法官最起码的保护。令人欣慰的是，目前媒体报道的道歉事件，都是具有法院行政领导职务的人作为致歉人出面。

第三，“错案”不一定真的有错，真的有错也不一定错在法院。有些犯罪嫌疑人被释放获改判无罪是因为证据不足，或者程序违法，按照有利于被告人的原则作出的，实际上这名嫌疑人完全可能是真正的凶手，如美国著名的辛普森杀妻案。对于那些“真正”的错案，原因也是复杂多样的，并不一定责任就在法院。以刑事案件为例，导致案件结果与客观事实不符的原因可能是证人目击错误、证据在收集过程中被污染、发现新证据、鉴定结论不准确、技术进步，甚至有可能是侦、检、辩方的工作不力等，简单粗暴地将所有责任推在法院身上并不客观。

第四，过分强调道歉，可能引发更大的恶果——刺激法院趋利避害的本能，不敢自我纠正。法院承担着还原真相的巨大责任。通过还原真相定纷止争，通过还原真相定罪量刑，通过还原真相让无辜者重返清白，这是法院最大的功能。当法院发现，自己即将纠正的，正是自己曾经做出的认定时，需要有壮士断腕的勇气。如果揪住法院已有的错误不放，甚至揪住赔礼道歉具体履行方式这一点将法院（尤其是法院院长）逼到尴尬境地，直接后果可能会迫使法院在自我纠正之前想尽办法，趋利避害，比如判前积极向上级法院沟通、出现启动再审的风险时积极公关等，架空审级，架空审判监督程序，才是对公正、对当事人最大的恶果。

（三）是否应当保留道歉条款作为一种国赔方式

一切制度化的决定，无不是现实与理想之间、各种亟待平衡的利益之间相互妥协、多重妥协的结果。回到中国的现实，赔礼道歉作为我们古老的“东方经验”，[1]载入我国的司法实践已经有60余年的历史，早就渗透到民众朴素的司法感情之中，同时也已然被深深嵌入了中国“司法图景”[2]之中——不仅为诸多判例所支持，也极大地促成了谅解的达成。我国古来就是一个对声誉极其看重的国家，人情社会决定了熟人之间的交往对“个人声誉”的高度需求。文学艺术形象中有秋菊挺着大肚子到处“讨说法”，现实中有唐慧为获得道歉不屈不挠地诉讼及上访。《国家赔偿法》将赔礼道歉列为一项法定的赔偿方式，是迎合民众需求的。立法者也正是考虑到这一点，才将赔礼道歉在法律规定保留和固定了下来。另外还有一个重要原因，即由于我们国家经济发展水平与发达国家存在差距，整部《国家赔偿法》的基调是只做基本的赔偿，赔偿的也只是直接损失。赔礼道歉是这种情况之下，一个非物质的补充赔偿。笔者的态度是，如果要将赔礼道歉这一中国特色的赔偿方式保留，就一定要做好规范和限制，增强公众理性。

三、进路选择：保留赔礼道歉必须做出的若干调整

（一）限缩适用——明确赔礼道歉的适用范围

1. 调整道歉的责任标准

对比国家赔偿中的行政赔偿和刑事赔偿来看，《国家赔偿法》在赔偿原则上对两者设置了严苛程度不一的赔偿标准。在行政赔偿部分，所有的赔偿情形均要求存在“违法”情节，归责原则属于违法责任原则。这是一种不太严苛的归责原则，因为对于行政机关及其工作人员而言，要做到不违法，那就不要非法拘禁，不要违法使用警械打死打伤行政相对人。法律标准简单、明确，要守法并不困难。而刑事赔偿情况就复杂一些，刑事赔偿几种最主要的情形——再审改判无罪、二审改判无罪、发

〔1〕 黄忠：“一个被遗忘的‘东方经验’——再论赔礼道歉的法律化”，载《政法论坛》2015年第4期。

〔2〕 黄忠：“一个被遗忘的‘东方经验’——再论赔礼道歉的法律化”，载《政法论坛》2015年第4期。

回重审作无罪处理以及错误逮捕，决定赔与不赔不看过程，只看结果，只要具有程序性的否定结果，对有无违法行为不加区分，一律属于国家赔偿的范畴。此种归责原则为结果责任原则，是归责原则中最为严苛的一种。对法院而言，除了确实出现殴打、虐待、非法使用警械以及违法查扣财产等少数情形适用违法责任原则，主要的责任方式就是最为严苛的结果责任原则。详见下表：

表6　行政赔偿与刑事赔偿责任原则对比

<table>
<tr><th>类别</th><th>对象</th><th>赔偿情形</th><th>是否要求行为违法</th><th>赔偿义务机关</th><th>责任原则</th></tr>
<tr><td rowspan="9">行政赔偿</td><td rowspan="5">侵犯人身</td><td>违法拘留等行政强制</td><td>√</td><td rowspan="9">行政机关</td><td rowspan="9">违法责任原则</td></tr>
<tr><td>非法拘禁</td><td>√</td></tr>
<tr><td>殴打、虐待（或唆使放纵）致死伤</td><td>√</td></tr>
<tr><td>违法使用武器、警械致死伤</td><td>√</td></tr>
<tr><td>其他违法行为致死伤</td><td>√</td></tr>
<tr><td rowspan="4">侵犯财产</td><td>违法实施行政处罚</td><td>√</td></tr>
<tr><td>违法对财产采取强制措施</td><td>√</td></tr>
<tr><td>违法征收征用</td><td>√</td></tr>
<tr><td>其他违法行为致财产损失</td><td>√</td></tr>
<tr><td rowspan="7">刑事赔偿</td><td rowspan="7">侵犯人身</td><td>违法拘留</td><td>√</td><td>公</td><td>违法责任原则</td></tr>
<tr><td>拘留时间超过诉讼法规定的时限，后决定撤销案件、不起诉或者判决宣告无罪终止追究刑事责任</td><td>√</td><td>公</td><td>结果责任原则</td></tr>
<tr><td>逮捕后决定撤销案件、不起诉或者判决宣告无罪</td><td>×</td><td>检</td><td>结果责任原则</td></tr>
<tr><td>再审改判无罪</td><td>×</td><td>法</td><td rowspan="3">违法责任原则</td></tr>
<tr><td>二审改判无罪</td><td>×</td><td>法</td></tr>
<tr><td>重审作无罪处理</td><td>×</td><td>法</td></tr>
<tr><td>殴打、虐待（或唆使放纵）致死伤</td><td>√</td><td>行为单位</td><td>结果责任原则</td></tr>
</table>

续表

类别	对象	赔偿情形	是否要求行为违法	赔偿义务机关	责任原则
刑事赔偿	侵犯财产	违法使用武器、警械致死伤	√	行为单位	违法责任原则
		违法查封、扣押、冻结、追缴	√	行为单位	
		再审改判无罪，财产已执行	×	法	结果责任原则

结果归责原则不考虑司法机关行为过程是合法还是违法、对无辜者不区分是法律意义上的“无辜”还是事实真相上的“无辜”而一律给予经济上的赔偿，主要是考虑卷入刑事案件的当事人遭受名誉上的负面评价并在一定时间内丧失了宝贵的人身自由，即便在获得无罪认定以后，仍可能会被歧视对待，对其作出经济上的弥补，是可贵的人文关怀的体现，笔者的态度毋庸置疑是支持的。但是，回到赔礼道歉上来，赔礼道歉与经济赔偿的不同前文已经论述，就是强烈的道德谴责色彩，基本的逻辑是“谁有错谁道歉”，而不是“谁弱谁有理”。

2. 不应由法院作出道歉的具体情形

厘清错案责任是判断是否道歉的第一步。普通民众对“错案”的容忍度极低，几乎谈“错”色厉。随着司法改革进程推进，科学的错案原因甄别制度正在逐渐建立。在此基础上，应相应调整道歉的前提条件，将赔偿义务机关是否有过错作为标准之一。

以下几种常见情形，应对赔偿法院排除道歉的适用：

第一，证据出现前后不一的变化，法院对旧的定案证据的排查已尽职的。例如改判无罪的一个重要原因是某行政部门前后出具了不同意见，影响了某专业领域犯罪与否的认定。再如，有罪判决生效后，关键证人忏悔证言系诬告。只要法院在审查该证人证言时已经尽职，该证人证言由于编造的足以以假乱真能够与其他证据形成证据链，对法院排除道歉的适用。

表7 错案证据问题及责任机关

错案证据问题	具体表现	实际责任机关
被告人错误供述	记忆错误、自愿供述没有做过的行为、受到肉体或精神强迫、基于量刑诱惑、基于神经学原因对行为缺乏判断力或产生犯罪幻觉	被告人或侦查机关（如有强迫）
证人证言错误	故意伪证、目击错误、记忆错误、辨认失误、由于证人不出庭造成证言失真或歧义	证人或侦查机关（如有强迫）
被害人陈述失真	故意伪证、目击错误、记忆错误、辨认失误	被害人
鉴定结论错误	鉴定程序违法、鉴定材料不可靠、鉴定人素质、技术手段滞后	鉴定机关
遗漏关键证据	现场勘查粗糙	侦查机关
取证违法	污染证据材料、刑讯逼供	
……		

第二，由于技术的更迭导致鉴定结论发生变化，影响案件定性的。典型的一个例子是20世纪80年代DNA鉴定技术开始普遍在美国的刑事侦查中作为鉴定技术而推广，相当数量的刑事案件翻案。但技术发展到今天，曾经铁证如山的DNA比对方法精确度也不是100%了。人的认识总是受制于时代的，基于技术原因导致的错案，对法院排除道歉的适用。

第三，被告人错误供述。分为两种情况：①被告人自己故意作虚伪供述，或者伪造其他有罪证据导致自己被判刑的，根据《国家赔偿法》第19条，不属于国家赔偿范围，更遑论赔礼道歉；②被告人由于过失对自己的某一行为做了错误的供述，对法院排除道歉的适用。比如被告人经过案发现场的时间为晚上8点，但由于记忆错误，被告人供述成晚上9点，导致“不在场证明”失败。

第四，被告人确有违法行为，比如被告人长期从事一种需要经过专业判断才能定性的行为，如销售侵犯知识产权的商品、从海外大量“捎带”物品回国销售等。被告人明知自己的行为是违法或不道德行为，但依然选择了一种游走在刑法边缘的方式来牟取个人利益，此时的定罪更多的是一种量变是否积累到质变程度的考量，这种情况下不同审级对量的把握产生偏差而对原审纠错，对法院应排除道歉的适用。

第五，正当行使裁量权产生分歧导致改判的，对法院排除道歉的适用。我们从来都不否认，人的认识是有局限的，而案件结果无不受到人类认识的局限影响。上下级法院对法律的理解不同、对案情轻重的把握不同都会导致不同的判决结果。法官正当裁量，分歧不可避免，正确的态度是尊重认识规律，尊重诉讼规则，执行生效判决。

（二）解除绑定——精神损害赔礼与赔钱分开适用

据前所述，对精神损害赔礼和给付精神损害抚慰金是绑定关系，当精神损害达到了严重后果时，赔礼和赔钱并行给付。通过第一部分的研究可以看出，有些法院没有按照规定处理两个赔偿请求的关系，更多的情况是倾向于赔钱，但不赔礼。立法者将两者设置成递进关系的初衷可能就是根据一般逻辑，本着节约开支的考虑，能用道歉解决的，就减少财政支出。但实际上，将赔钱和道歉相互绑定效果非常不好。因为赔偿法院如果同意给付精神损害抚慰金，就等于承认了存在精神损害严重后果，那么道歉责任就不可免除；假如赔偿法院出于种种原因对道歉十分抗拒，不愿意道歉，那么只能否认存在"精神损害"事实。如此一来，受害人的赔偿请求中因为多了要求法院道歉一项请求，不但拿不到精神损害抚慰金，连精神损害事实都要遭到否认。

就精神损害赔偿来说，赔钱和赔礼并非单纯的程度轻重的递进关系，而是分别有着不同的原因。而且各级财政对赔偿款项的预算每年都有结余，现在的主要问题不是钱不好赔，而是歉不好道。应该解除两者的递进关系和绑定关系，让该赔钱的赔钱，该赔礼的赔礼，"凯撒的归凯撒，上帝的归上帝"。因此，对精神损害两种赔偿的合理关系应为：第一，造成精神损害的，给付精神损害抚慰金。第二，赔偿义务机关违法的，应就违法事宜赔礼道歉。第三，两者既可以分开适用，也可以同时适用。

（三）突出重点——增强消除影响、恢复名誉实效

在精神损害第一种赔偿方式中，除了赔礼道歉，还有消除影响、恢复名誉。实务中，赔礼道歉一般都会和消除影响、恢复名誉一起申请。对当事人而言，获得赔礼道歉起到的是"顺气"的作用，是心灵上的安

慰，而消除影响、恢复名誉就关切到当事人安身立命、起居住行了。“讨个说法”不等于就一定要求道歉，其实恢复名誉，以及随之而来的消除各方面的实际限制，对受害人而言则更具有实实在在的意义。在无罪判决作出后，尽可能为当事人消除影响，解除不当限制，对判决结果承担澄清和解释作用，应该是赔偿法院更为重要的工作。

第一，在无罪判决作出之后，应当及时向原有罪判决送达的单位送达无罪判决，一般包括作为公诉机关的检察院，作为物品扣押部门的侦查机关、看守所、被告人户籍地派出所，判处缓刑的还要将有罪判决寄往监管地检察院、司法局、派出所等。如果寄送不及时导致当事人遭受损失的，应由赔偿义务机关承担，如被告人在无罪释放后出境受阻。

第二，作出有罪判决的法院，应当根据无罪被告人的要求，向其工作单位、居住地的社区组织、近亲属居住地的社区组织、加入的社团组织等寄送无罪判决，以消除影响。当事人要求在法院公告栏张贴无罪判决的，应予以准许。

第三，如果有罪判决曾经在中国裁判文书网上公开的，无罪判决应该也上网公开。但如果无罪被告人拒绝将无罪文书上网的，应该尊重其意见不上网公开，以避免在舆论面前二次曝光，重揭伤疤，给受害人带来更大伤害。

四、行为范式：现行法律框架下如何履行道歉义务

回到现有的法律框架之下，既然赔礼道歉一定要做，就要做得严谨规范，否则言已出、行不果，对司法公信力的折损将更加严重。笔者就对法院如何道歉的具体行为范式提出如下建议：

（一）启动和时限

根据《国家赔偿法》及《最高人民法院关于人民法院办理自赔案件程序的规定》，赔偿请求人领取赔偿金，需要向赔偿义务机关提出申请，主要考虑的是领取赔偿金需要赔偿请求人提供领取赔偿金申请书、身份

资料及银行账号等作为向财政局申请赔偿款的资料。道歉工作则无需当事人提出申请，应当自赔偿法院作出的赔偿决定书生效之日或收到上级法院生效赔偿决定书之日起两个月内，主动联系赔偿请求人，赔偿请求人希望推迟的，应依赔偿请求人时间上的便利行事。具体组织协调工作由基层人民法院国家赔偿小组、中级以上人民法院赔偿委员会负责完成。

（二）道歉方式

《最高人民法院关于人民法院办理自赔案件程序的规定》第8条第1款："人民法院可以与赔偿请求人就赔偿方式、赔偿项目和赔偿数额在法律规定的范围内进行协商。"据此，赔礼道歉采用何种形式进行，也可以由双方协商。采用现场道歉、书面道歉、微博微信道歉等形式，只要能达成一致，笔者认为这些形式都可以接受。最重要的是不能达成一致的情况，比如赔偿请求人原籍在偏远地区，要求法院到原籍道歉，满足这种要求是比较困难的。笔者建议，协商不成的，一律采用书面道歉方式，向赔偿请求人作出《道歉书》。

现场道歉的，对具体方式不宜做太过详细的限制，在法庭道歉、登门道歉、"为××同志恢复名誉座谈会"等形式均可。为表示态度端正、严肃认真，道歉仪式道歉者及到场工作人员应当统一穿着法院工作制服，道歉者应表明身份。现场道歉应公开进行。赔偿请求人可邀请亲属、朋友到场，但邀请媒体到场的，需经人民法院许可。道歉过程应制作笔录存入国家赔偿案件卷宗。

究竟由谁出面道歉，在实务中也是做法不一。有的法院是院长，有的法院是委托了一位代理人来道歉，如案例5。至于代理人是什么身份，则没有说明，应该是在法院内部指定了一名工作人员。这样的道歉分量够不够？能不能受到赔偿请求人认可？难度很大。道歉是一种人身附着性极强的行为方式，既然是由法院来道歉，选出的道歉人就应该在法院内部具有一定身份，而不是临时授权。道歉人应至少包含一名副院长以上领导比较合理，在道歉时，道歉人应表明自己的身份。

出于对办案人员的保护，不应该要求原办案人员出面道歉，不得要求原办案人员以个人身份作出《道歉书》或者在《道歉书》上署名。考虑到道歉现场可能需要多人协助，可以允许参与过案件办理的法官助理、书记员到道歉现场从事辅助工作，如担任记录等，对此不应有太多要求。

（三）拒不道歉的后果

人民法院逾期拒不履行赔礼道歉责任的，赔偿请求人可向其上一级人民法院赔偿委员会提出异议。上一级人民法院赔偿委员会查明属实的，应限期责令赔偿法院履行道歉义务；逾期再不履行的，上一级人民法院赔偿委员会应将相关事实向赔偿法院同级人民代表大会反映。

（四）文书制作相关问题

1. 赔礼道歉在《赔偿决定书》中的表述规范

根据前文分析，有的法院在赔偿决定书主文中写了“口头道歉”或其他具体的道歉方式，上级法院有撤销的、有维持的，做法不一。更有甚者并不将其当作一项赔偿请求来处理。笔者认为，为维护决定书的严肃性，应统一：第一，赔礼道歉属于请求项目之一，应在决定书主文部分作出处理。除非属于最高人民法院《意见》第6条第3款的情况，赔偿义务机关在案件审理终结前已经履行消除影响、恢复名誉或者赔礼道歉义务，人民法院赔偿委员会可以在国家赔偿决定书中予以说明，不再写入决定主文。第二，决定书主文部分写明“消除影响，恢复名誉，赔礼道歉”即可，具体的赔偿方式根据协商情况，在说理部分阐明。

2. 《道歉书》表述规范

道歉书应至少包含如下基本语言要素：

承认违法事实/违法行为+承认对赔偿请求人造成了伤害+简述原因并承认对行为负有责任+表示歉意并希望获得谅解。

另外，建议对赔偿请求人以××先生、××女士尊称，同时致歉的对象应该包含赔偿请求人的家人。道歉书应加盖法院公章，一式多份，一份送交赔偿请求人，一份留卷存底，如决定书是上级法院赔偿委员会作出的，还应向上级法院赔偿委员会递交。

附 1.《道歉书》模板

致李××先生道歉书

李××先生：

经××中级人民法院作出的（20××）××号刑事判决书对本院作出的（20××）××号刑事判决书作出了纠正，改判您无罪。本院由于（原因）作出的有罪判决，给您及家人带来了巨大的伤害，对此本院负有责任，谨以此向您及家人表示由衷的歉意。希望获得您及家人的谅解！

××市××区人民法院
（公章）
××年××月××日

附 2. 草拟《最高人民法院关于加强法院自赔案件赔礼道歉工作的若干规定（建议稿）》

最高人民法院关于加强法院自赔案件赔礼道歉工作的若干规定

（建议稿）

为进一步规范人民法院自赔案件中赔礼道歉行为，根据《中华人民共和国国家赔偿法》及《最高人民法院关于人民法院办理自赔案件程序的规定》，结合人民法院国家赔偿工作实际，制定本规定。

第一条 人民法院有《中华人民共和国国家赔偿法》第 17 条规定情形之一致人精神损害，且人民法院及其工作人员确有违法行为的，应当为受害人消除影响，恢复名誉，赔礼道歉。

第二条 基层人民法院国家赔偿小组、中级以上人民法院赔偿委员会负责本院赔礼道歉的组织协调工作。

第三条 赔礼道歉可以采用现场道歉或书面道歉等形式。

人民法院可以与赔偿请求人就道歉的具体方式在法律规定的范围内进行协商。协商不成的，应采取书面道歉方式，向赔偿请求人作出《道歉书》。

第四条 现场道歉应公开进行。赔偿请求人可邀请亲属、朋友到场。邀请媒体到场的，需经人民法院许可。

现场道歉的，道歉人应至少包含一名副院长以上领导。

道歉过程应制作笔录并存入国家赔偿案件卷宗。

第五条 书面道歉的，道歉书应加盖人民法院公章。

第六条 人民法院应及时将无罪判决送达羁押机关、公诉机关、涉案物品扣押机关以及被告人户籍地派出所等相关机关。

赔偿请求人要求人民法院将无罪判决寄往其工作单位、学校、社团组织、居住地社区组织、户籍地社区组织，赔偿请求人父母、配偶、子女等近亲属工作单位和居住地社区组织的，人民法院应予准许。

第七条 有罪判决在中国裁判文书网公开的，无罪判决也应当在裁判文书网公开。但赔偿请求人拒绝将无罪判决上网公开的除外。

第八条 人民法院不得要求案件原审判员、执行员出现在道歉现场，不得要求案件审判员、执行员及辅助人员在道歉书上署名。

第九条 人民法院应当自本院赔偿决定书生效之日或收到上级法院生效赔偿决定书之日起两个月内为赔偿请求人赔礼道歉。

第十条 人民法院逾期拒不履行赔礼道歉责任的，赔偿请求人可向其上一级人民法院赔偿委员会提出异议。

上一级人民法院赔偿委员会查明属实的，应限期责令赔偿法院履行道歉义务；逾期再不履行的，上一级人民法院赔偿委员会应将相关事实向赔偿法院同级人民代表大会反应。

第十一条 本规定自××年××月××日起施行。

阅读经典

Reading of Classic Works

回归本真：法官角色定位及其合理转型

——基于对312位全国模范法官的考察

刘振华[1]

提　要：2003年以来最高人民法院评选的312位全国模范法官事迹，可以从宏观上反映当前我国法官角色的整体定位。模范法官评选向基层法院倾斜，人民法庭庭长、副庭长占比大，突显了基层的重要性。模范法官具有过硬的政治素质、高尚的道德品质和一流的专业技能的共性特征，呈现出道德模范形象、"铁人"形象、父母官形象、人民调解员形象、专家学者形象以及现代法官形象等多重角色。调解至上、司法为民主导等做法反映出整体上对法官角色定位存在偏差，应从合理定位调判关系、强化公正司法本质属性、树立正确的工作业绩观、加大办案方法推广等方面加以改进，塑造既接地气，又能引领法治发展方向的多层次现代法官形象。

关键词：法官角色；模范法官；回归本真；法官形象；转型

模范人物是本行业、本领域的代表性人物，他们身上集中体现了该行业的发展动向及核心价值追求，对该群体的行为方式将产生潜移默化的熏陶、引领、塑造作用。模范法官的事迹特征反映了司法决策层的价值判断，在某种程度上折射出中国司法的特征，也成为观察法官群体角色定位的有效途径。目前，关于模范法官的研究还不多，直接以模范法

---

〔1〕 作者刘振华，曾任广东省广州市花都区人民法院法官，现为广东省纪委监察委干部，Email：liuzhenhua04law@ 126. com。

官为题的论文更少。[1]2003年以来，最高人民法院共评选了312位全国模范法官[2]，这些法官精英的事迹，为我们分析这一群体的总体特征，进而为透视中国法官的整体角色定位，提供了一座“富矿”。

一、实证分析：全国模范法官的评选情况

全国模范法官的评选周期官方并没有直接明确对外发布过，但是《人民日报》曾报道：“四年一度的全国模范法院、全国模范法官表彰大会13日在京举行。”[3]由此可以推测，四年一次进行全国模范法院、全国模范法官的表彰是惯例。现有资料显示，全国模范法官评选最早于2003年开始，除了2003年、2008年、2012年、2016年四次统一集中表彰外，每年还有少量单独表彰，共计312位。

（一）总体情况

最高人民法院分别于2003年、2008年、2012年、2016年集中表彰了64位、68位、66位、69位全国模范法官，2003—2016年单独评选表彰45位，其中追授15位，共计312位。具体情况如表1所示：

---

〔1〕 涉及模范法官的学位论文有4篇，分别是郝振：“当代中国模范法官研究”，山东大学2010年硕士学位论文；路留超：“模范法官评选和法官角色定位——基于50位模范法官事迹的非介入性研究”，吉林大学2011年硕士学位论文；张健：“法社会学视野下的中国优秀法官”，山东大学2012年硕士学位论文；陈阳：“当代中国法官角色研究——以‘中国法官十杰’为样本”，武汉大学2012年博士学位论文。其他学术论文有苏力：“中国法官的形象塑造——关于‘陈燕萍工作法’的思考”，载《清华法学》2010年第3期；张健：“新时期中国法官形象的塑造——基于对2013年100位‘全国优秀法官’的考察”，载《新疆社科论坛》2013年第3期；胡道才：“当代中国法官形象塑造的四点建议”，载《人民法院报》2012年8月22日第5版。

〔2〕 受资料搜集限制，这一数据根据《人民法院报》《人民日报》《光明日报》《中国审判》等权威报刊以及能搜集到的最高人民法院有关模范法院的表彰、追授决定统计而来，不一定百分之百涵盖，不排除有个别遗漏。从最高人民法院已有对外发布的信息看，全国模范法院评选肇始于2003年。

〔3〕 杜榕：“坚持忠诚为民公正廉洁司法 以优异成绩迎接党的十八大”，载《人民日报》2012年2月14日第1版。

表 1　2003—2016 年全国模范法官评选数量

年份	人数	单独表彰	其中追授
2003	70	6	1
2004	2	2	2
2005	2	2	1
2006	5	5	3
2007	1	1	1
2008	70	2	0
2009	2	2	0
2010	5	5	2
2011	6	6	1
2012	67	1	1
2014	11	11	1
2015	1	1	1
2016	70	1	1
合计	312	45	15

（二）具体分布情况

模范法官在性别分布、层级分布以及表彰方式上呈现以下具体特征：

1. 从性别分布看，女性模范法官呈递增态势

总体上，女性模范法官的比重呈上升趋势，平均占比达 37. 18%，比全国法院女干警占总人数的 30. 2%[1]比例高，也从侧面反映出女法官群体更容易出现模范法官。

2. 从层级分布看，基层法院比重最大

基层法院中模范法官的比重较大，平均占比 75%，契合了“基层法

[1] 2005 年 8 月国务院新闻办公室发布的《中国性别平等与妇女发展状况》显示，2004 年全国女法官占法官总数的 22. 7%。但 2013 年全国法院女干警占比达 30. 2%，可以推断，经过十年发展，全国女法官的占比也应有所提高，也可以得出女性模范法官占比 37. 18%这一数值一定比全国女法官的占比及全国女干警的比重高。女干警占比达 30. 2%的数据来自最高人民法院政治部主任徐家新 2013 年 7 月 25 日在全国法院队伍建设工作会议上的讲话。

院和人民法庭承担着全国 90%以上案件的审判执行任务”[1]的地位。其中，人民法庭庭长、副庭长占基层法院中层干部的 35. 98%，并呈递增态势，反映出司法决策层对人民法院“基层的基层”的重视，其承担着全国一审案件 30%的办案任务，也表明人民法庭是比较容易出政绩的法院内设机构。单独表彰或被追授为全国模范法官的基层法院法官比重高达 86. 66%，大部分为“办案劳模”，相当一部分因公殉职。基层法院中的普通法官很少获此殊荣，这是因为，办案数量多、办案效果好是评选的基础，基层法院大部分业务骨干经过几年磨炼都被提拔为中层正副职，且模范法官要求在获得一定省级荣誉基础上才能评选。中高级法院法官比重小，且基本为办案一线的普通法官，与其承担的审判职能有关，也与基层法院办案环境艰苦、最高人民法院加大基层奖励表彰力度的宏观导向有关。

3. *从表彰方式看，集中表彰与单独表彰、追授并存*

从 2003 年开始每四年集中表彰一次，单独表彰或追授不受集中表彰的影响，除 2013 年外，其他年份每年都有单独表彰或追授。

具体情况如表 2 所示：

表 2　2003—2016 年全国模范法官数量分布

年份（批次）	人数	性别分布		层级分布							
				基层法院						中级人民法院	高级法院
					中层干部						
		男	女（占比）	院领导	人数	人民法庭庭长、副庭长人数及占比	普通法官	总人数百分比			
2003 年	64	46	18（28. 13%）	17	28	5（17. 86%）	4	76. 56%		13	2
2008 年	68	42	26（38. 24%）	8	36	12（33. 33%）	5	72. 06%		18	1
2012 年	66	41	25（37. 88%）	14	33	16（48. 48%）	4	77. 27%		11	4

〔1〕 周强：“深入贯彻五大发展理念，加强民事商事审判工作”，2015 年 12 月 23 日在第八次全国法院民商事审判工作会议上的讲话。

续表

<table>
<tr><th rowspan="4">年份（批次）</th><th rowspan="4">人数</th><th colspan="2" rowspan="2">性别分布</th><th colspan="7">层级分布</th></tr>
<tr><th colspan="5">基层法院</th><th rowspan="3">中级人民法院</th><th rowspan="3">高级法院</th></tr>
<tr><th rowspan="2">男</th><th rowspan="2">女（占比）</th><th rowspan="2">院领导</th><th colspan="2">中层干部</th><th rowspan="2">普通法官</th><th rowspan="2">总人数百分比</th></tr>
<tr><th>人数</th><th>人民法庭庭长、副庭长人数及占比</th></tr>
<tr><td>2016 年</td><td>69</td><td>40</td><td>29（42.03%）</td><td>7</td><td>40</td><td>22（55%）</td><td>0</td><td>68.12%</td><td>19</td><td>3</td></tr>
<tr><td>单独表彰追授</td><td>45</td><td>27</td><td>18（40%）</td><td>6</td><td>27</td><td>4（14.81%）</td><td>6</td><td>86.67%</td><td>4</td><td>2</td></tr>
<tr><td rowspan="2">合计</td><td rowspan="2">312</td><td rowspan="2">196</td><td rowspan="2">116（37.18%）</td><td>52</td><td>164</td><td>59（35.98%）</td><td>19</td><td rowspan="2">75.32%</td><td rowspan="2">65</td><td rowspan="2">12</td></tr>
<tr><td colspan="4">235</td></tr>
</table>

二、现象解剖：全国模范法官的总体特征

通过对全国模范法官的事迹材料[1]进行梳理，笔者发现，全国模范法官事迹主要包括政治素养与理论水平、调解能力、审判能力、廉洁司法、爱岗敬业、司法为民、大局意识和社会责任感、爱心助人等要素。[2]这些要素可以归纳为过硬的政治素质、高尚的道德品质和一流的专业技能三大方面。这三大方面中，政治素质和道德品质事迹占据大部分，业务能力方面着墨相对较少，特别是最高人民法院的表彰决定中，无论是概括模范法官的先进事迹还是号召全国法官向他们学习，都是政

[1] 有关模范法官的事迹材料均来自最高人民法院表彰决定，《人民法院报》《中国审判》《人民日报》《光明日报》，中央政法委领导、最高人民法院领导及有关省委省政府主要领导在表彰大会上的讲话，权威性较高。

[2] 参考路留超：“模范法官评选和法官角色定位——基于50位模范法官事迹的非介入性研究”，吉林大学2011年硕士学位论文。

治素质领衔，道德品质必备，最后业务能力轻描淡写。

（一）过硬的政治素质

政治素质是先进典型人物的首要考察内容，全国模范法官尤为突显。最高人民法院发布的每一份表彰决定都有“牢记全心全意为人民服务的根本宗旨”“牢记使命”“牢记司法为民的宗旨”“深怀爱民之心，恪守为民之责”“对党、对人民、对司法事业无限忠诚，热爱”等类似表述，意在强调政治正确。综合来看，主要包括以下具体内容：一是有坚定的政治信念和远大理想并能坚守，坚持党的领导，加强政治理论学习，不计较个人得失，有着浓厚的集体主义精神；二是从全局考虑，为大局着想，正确处理法律和政策的关系，没有就案办案，收到较好的法律效果和社会效果；三是审判执行中坚持司法为民，采取一切可能的司法便民、利民措施。

（二）高尚的道德品质

主要体现在职业素养和个人品质两个层面。在职业素养方面，能爱岗敬业，吃苦耐劳，突出表现为崇高的集体主义献身精神。这种忘我的工作精神，使得他们没有足够的时间和精力照顾家庭和家人，包括年幼的子女和年老病重的父母，金桂兰、陈燕萍、姚维家等一大批法官都是如此。他们是人民的好法官，但在父母面前，却不是孝顺的儿女；在儿女面前，不是好爸爸好妈妈；在爱人面前，不是合格的妻子或丈夫。他们牺牲了家庭和健康。同时，诸如王锡俊、唐荣等法官，虽然身患绝症，家庭十分困难，但从来没有向组织和单位提出任何照顾要求，从不给组织添麻烦。在个人品质方面，一是乐于助人，心地善良，对困难当事人及群众及时伸出援助之手；二是勤奋好学，主动拓宽知识面，以应对各种新型疑难复杂案件，如宋鱼水、袁月全、盛勇强等都是此类典型。

（三）一流的专业技能

这是最能彰显法官职业特色的要素。首先，受过系统的法学专业教育和培养，具有扎实的法律专业基础，如邹碧华就是典型代表，他通过多年审判实践中总结出来的法律适用方法——“要件审判九步法”，很快成为一线法官的“教科书”，被媒体称为法庭上的“独孤九剑”。[1]其次，办理案件多、调解撤诉率高，社会效果好。这是模范法官事迹中反复被强调的话题，亦是法官的“核心竞争力”。如石玉波多年扎根于基层人民法庭，共审结案件 1 930 件，年平均结案近 300 件，无一错案、无一超审限、无一矛盾激化[2]；方程参加法院工作 16 年来，所办理的 1 200 余件案件无一超审限、无一错案、无一上访[3]；等等。较高的案件调解率几乎是每一个民商事法官的特征，如钟伟丽、任秋华等法官调解率在 80%以上，金桂兰、赵启哲等法官更是超过了 90%，白婕的刑事自诉、刑事附带民事案件调解率高达 100%。结案多、调解率高，充分说明模范法官办案效率高，而且办案质量高，化解矛盾效果好，案结事了、息诉罢访水平高，有着一流的审判执行业务能力，不愧是业务模范。

三、角色揭示：模范法官视域下的多元法官形象

模范法官呈现出道德模范形象、“铁人”形象、父母官形象、人民调解员形象、专家学者形象及现代法官形象等多重角色。模范法官作为全国法官群体学习的标杆，反映了决策层对法官职业形象塑造的期待，也在一定程度上折射出当前我国法官职业群体的整体职业形象及法官角色定位。

（一）道德模范形象

几乎所有的模范法官都首先是一位道德模范者，爱岗敬业、乐善好施、乐于助人，有着高尚的道德品质。如被中组部和中宣部评为最美基

---

〔1〕严剑漪：“做一个有专业思维方式的法官——追记司法为民公正司法的模范法官邹碧华（之二）”，载《人民法院报》2015 年 2 月 27 日第 1 版。

〔2〕最高人民法院《关于追授石玉波同志“全国模范法官”荣誉称号的决定》（法〔2014〕56 号）。

〔3〕最高人民法院《关于追授方程同志“全国模范法官”荣誉称号的决定》（法〔2012〕175 号）。

层干部的模范法官黄志丽，胸怀理想信念，忘我无私奉献，“以求真务实的扎实作风、心系百姓的博大情怀、爱岗敬业的奉献精神，努力维护公平正义，成为人民群众利益的守护者与捍卫者”。〔1〕再比如，被中宣部授予“时代楷模”称号的模范法官孙波，是一位“纯粹法官”“纯粹到只把办好案件、公正司法视为生命的支点，如同一块煤，燃烧自己，温暖他人，淡泊名利，不求回报”。〔2〕

（二）“铁人”形象

为了尽快查明案件事实、办结案件，法官们不畏任何困难，以顽强的意志战胜病魔，不惜牺牲自己的休息时间、付出自己的健康甚至生命，似乎有永远使不完的劲，“铁人”形象展露无遗。例如，被评为最美基层法官的王宝胜，就是一位病魔击不倒的铁法官，“他三次罹患癌症，三次战胜病魔，重新回到了他无比热爱的岗位。他是同事心目中的楷模，是人民群众心目中的‘铁法官’”。〔3〕再比如贾建平，同事们常说她是院里的“女金刚”，有干不完的活，有使不完的劲。〔4〕

（三）父母官形象

以马晓光、贾建平、金桂兰、黄学军等为代表，他们坚持司法为民，开展各种形式的巡回审判，为了维护受害者的权益，帮助失足未成年人，不辞劳苦来回奔波。同时，他们又廉洁自爱，甘于清贫，经得起诱惑，不为权势等各种外来干扰所困。如贾建平被当事人认为“比妈妈还亲”，金桂兰被农民工群体称为“弱势群体的保护神”。王天祥院长心系群众、尽心竭力为百姓排忧解难，受到广泛好评，被群众亲切地称为“百姓法官”“亲民院长”。〔5〕这些特征与我国历史上亲民爱民又刚直不阿的清官、父母官形象非常契合。

---

〔1〕 最高人民法院政治部编：《最美基层法官》，人民法院出版社2014年版，第70页。

〔2〕 最高人民法院政治部编：《最美基层法官》，人民法院出版社2014年版，第28页。

〔3〕 最高人民法院政治部编：《最美基层法官》，人民法院出版社2014年版，第11页。

〔4〕 罗书臻、余建华、沈伟：“‘她是院里的“女金刚”’——全国模范法官贾建平事迹系列报道之三”，载《人民法院报》2006年7月9日第1版。

〔5〕 最高人民法院《关于追授王天祥“全国模范法官”荣誉称号的决定》（法［2010］4号）。

（四）人民调解员形象

以陈燕萍、王永涛、任秋华、龙炳书、黄学军等法官为代表，他们都是民事调解能手，在长期的审判实践中探索总结出一套行之有效的调解方法和技巧，促使当事人握手言和。例如，王永涛法官面对繁重的审判着力，探索总结出“四三三四”调解工作法，每年案件调解撤诉率都达到80%以上，他坚信，只要以理服人，以情动人，将心比心，就没有解不开的结。[1]为了实现案结事了，他们往往要反复奔走于当事人之间，动之以情、晓之以理地耐心做思想工作，有时他们的责任心和人格魅力打动了当事人，最终案件得以和解。这些都延续着新中国成立以来的“人民调解员”的真实形象。

（五）专家学者形象

以刘黎、宋鱼水等法官为例，他们在面对大量疑难复杂案件时，能认真钻研，准确理解立法本意，在立法尚不完善时，能运用合适的法律解释方法，创造性地开展案件审判，同时，注重分析、总结类型化案件的处理方法，有意识地开展调研和理论研究，有些办案经验被上级法院甚至最高人民法院相关裁判意见吸收，成为专家型、学者型法官。例如，宋鱼水为知识产权案件审判法官，除了法律，她还广泛涉猎社会、经济、文学甚至音乐等知识，努力将自己打造成专家型法官。[2]刘黎法官总结的审理道路交通损害赔偿案件八条规则，被最高人民法院司法解释吸收。[3]

（六）现代法官形象

在众多模范法官中，邹碧华是现代法官特质展现得比较突出的典型。

---

〔1〕闫继勇、邵泽毅：“把百姓感言和呼声带到十八大——访全国模范法官、党的十八大代表王永涛”，载《人民法院报》2012年9月4日第1版。

〔2〕吴兢、杜文娟：“‘人民信任高于一切’——与模范法官宋鱼水面对面”，载《人民日报》2005年1月15日第4版。

〔3〕最高人民法院政治部编：《最美基层法官》，人民法院出版社2014年版，第19页。

邹碧华同志被官方定义为公正为民的好法官、敢于担当的好干部。首先，他有坚定的职业信仰和浓厚的司法为民情怀，从成为法官的第一天起，就将“做一名有良心的法官”作为自己的职业信条。其次，他有过硬的专业思维方式，主动加强学习，以应对层出不穷的新型疑难复杂案件，善于加强审判工作中的难点、热点问题调研，执笔编写了《证据百问》《商事办案思路操作指南》《要件审判九步法》等审判实务指导用书，实现审判经验分享。再次，他还曾任基层法院院长、高院副院长，作为一名管理者，拥有较强的领导能力和强烈的担当意识，懂得尊重职业法官，引领法官职业群体树立正确的价值观，为团队营造良好的干事创业氛围。最后，社会各界包括法官职业群体内部、律师界、当事人以及普通群众，在他去世后都对他给予很高的赞誉，被称为“邹碧华现象”。[1]其他法官如盛勇强、朱晓光等，不仅凭借高超的业务能力办结了大量疑难复杂案件，还在审判过程中很好地贯彻了程序公正、证据裁判规则、人权保障等现代司法理念和法治精神，这些都彰显了特质鲜明的现代法官形象。

需要指出的是，模范法官并非仅具备一个职业形象，很多时候为了使案件取得良好的社会效果，法官们往往需要平衡各方力量和利益，不断游走于道德模范、人民调解员、专家学者等角色之间，抑或同时扮演几种角色。这些事实表明，司法决策机关并未刻意打造一个纯粹的法官形象，而是允许甚至鼓励法官们在结果主义导向之下扮演一个多元化的角色。由此可见，当前我国法官职业群体整体上没有树立起鲜明的职业形象。

四、探究反差：模范法官评选反映出当前我国法官角色定位存在的问题

宏观透视未能显示 14 年来模范法官评选标准存在大的变化，然而上述分析揭示出当前我国法官职业角色呈现多样化特征，法官职业独有的

---

〔1〕 有关邹碧华的事迹，详见《人民法院报》2015 年 2 月 26 日、27 日、28 日、3 月 1 日以及《光明日报》2015 年 2 月 26 日、27 日、28 日的系列报道。

职业属性表征不突出，也反映出整体上对法官角色定位存在偏差，甚至存在角色混乱、错位现象。

（一）过分强调调解、案结事了，实用主义倾向明显

几乎所有的模范法官事迹中都有耐心给当事人做调解工作，据此实现案结事了的介绍，调解成为出现频率最高的词汇，成为衡量法官水平高低的重要标准。法官对调解如此钟爱，主要是因为：其一，调解诉讼成本低，当事人愿意选择；其二，调解不存在上诉问题，法官不用担心案件上诉、发回重审甚至改判，也在一定程度上化解了当事人上访和社会舆论所带来的压力，法官也愿意调解。因为这种办案方式能有效消解当事人的矛盾，防止矛盾激化，更容易实现“案结事了”，还能将审判效果扩张到案件以外，获得党政领导的认可，迎合了“政治正确”的需要，也就顺理成章地受到各级法院主政者的推崇。在这种价值观的驱动下，不排除部分法官为了提高调解率，对所有案件进行“格式化的调解”，甚至不惜和稀泥，充当和事佬，导致有些案件久调不结，影响当事人诉讼权益。

这种“结果导向而不是规则导向的治理逻辑并不意味着法官们不了解规则，实际上，基层法官们对国家法律和地方习俗都是了解的，但他们了解这些规则的目的并不是拿来适用，而是拿来作为备选项说服当事人接受自己的治理方案。”〔1〕从长远看，调解至上主导下的结案理念和方式，使得原本居中裁判的司法刚性特征严重弱化，裁判的规则指引作用未能发挥。甚至，在某些地方，审判权已经异化成了促成当事人达成调解协议的手段，法治意义上的程序正义、实体正义逻辑难以获得民众的认同。实用主义价值导向下，“中国基层法院法官面临的问题就不仅是如何决定更为公正、更符合规则，而且要考虑决定后如何才能得到现实的贯彻落实，他/她不得不将这些就制定法规则上看非常齐整但实际处理起来极其复杂的问题尽可能以某种与法律规则和法官角色不一定相符但能

---

〔1〕 赵晓力：“基层司法的反司法理论？——评苏力《送法下乡》”，载《社会学研究》2005年第2期。

够‘化解纠纷’的方式解决”。[1]长此以往，司法的整体社会预期被严重贬损，势必伤及司法持续健康发展的“元气”。

（二）强调公正司法少、司法为民多，司法的公正核心价值未能彰显

无论是模范法官事迹材料还是表彰决定，其关键事迹介绍，重点均围绕司法为民、公正司法主线展开。但是，两者的比重却截然不同，有关公正司法叙述少、司法为民叙述多。司法为民占据了事迹的大部分，主要源于司法为民可以和全心全意为人民服务的宗旨相联系，可以浓墨重彩地讲述法官如何树立为人民群众着想的宗旨意识，如何方便群众诉讼，采取一切便民利民的具体措施，乃至调解方法的运用都可以归到司法为民范畴中。司法为民是党的群众路线在司法领域的集中体现，司法工作同样在党的领导下开展，因此，强化司法工作与群众的联系理所应当。但是，司法是实现社会公平正义的最后一道防线，其区别于其他党政机关的最大特征在于居中裁判的公正性，这是司法审判的核心价值追求。因此，模范法官的事迹理应强化法官如何实现公正司法，以彰显这一特殊职业的独特价值。司法为民多、公正司法少，这种长期不合理的分配方式，容易让公众产生错觉，即司法审判工作和其他职能部门并无两样，认为法院也是“政府机关”。

对法院和法官自身而言，主持公平正义，裁判是非的工作成绩难以得到公众的认同，司法公信力也难以提高。因为公众已经习惯，法院和政府机关一样，都是为当事人解决实际困难。这种习惯性思维一旦形成，即使法院自身及时纠正，公众仍需一个很长的适应过程，甚至出现法院公正裁判，当事人却认为司法不公，因为他们的“实际困难和问题”并没有解决。尽管事实上这不是法官的职责，但他们已经习惯了法官、法院应该这么做。由此可见，过分强化司法为民、淡化公正司法的做法，不利于法治传统、法治信仰的养成，也不利于司法权威的树立。

（三）部分法官因劳累过度才被追授为模范法官，价值观亟待纠偏

如表1所示，45名单独表彰或追授的模范法官中，有15名是追授

---

[1] 苏力：《送法下乡——中国基层司法制度研究》，北京大学出版社2011年版，第138页。

的，占比达33.3%，都是长年奋战在司法工作一线，因劳累过度，牺牲在工作岗位上，平均年龄为45岁，正处于人生精力最旺盛、审判经验丰富，亦积累了一定的社会阅历的黄金年龄段。这些青年法官的离世，值得我们惋惜。但是平时的关怀远胜于法官辞世后的追授。试想，如果这些与病魔抗争的法官最终挺过来了，没有倒下，估计他们中很少有人被评为模范法官。最高人民法院的表彰决定中常常号召全国法院广大干警以他们为榜样，学习他们爱岗敬业、甘于奉献、任劳任怨、忘我工作、鞠躬尽瘁、生命不息，奉献不止……的精神，号召学习他们不顾健康甚至献出宝贵生命为司法事业而奋斗。这种价值观有待改进。法官也是普通人，不能期待法官真的像铁人一样可以不倒，我们更应鼓励法官在确保身心健康的情况下，做出不凡的成绩，同样可以被授予模范法官称号。诚然，我们并不反对那些累倒在工作岗位上的法官被追授为模范法官，而是希望有更多的优秀法官不用倒下也能得到组织的肯定。

（四）模范法官的个性化工作方法未能普适化，示范带动效果不佳

模范法官办理案件多、办案效果好，其中不少法官在实践中探索出独特的办案方法，如陈燕萍“用群众认同的态度倾听诉求、用群众认可的方式查清事实、用群众接受的语言诠释法理、用群众信服的方法化解纠纷”，石玉波总结出一套“三快、三多、四心”工作法，郭兴利法官总结出“四心三把握、两书一联动”和案件回访法等行之有效的工作方法，方程探索并灵活运用法庭、司法所和村委会三级联动调解法，文惠新探索出针对性强、成功率高、社会效果好的“调解五法”，詹红荔探索出了一条符合少年审判规律的“三不”工作法，等等。这些办案经验具有较强的个性化色彩，但是这些工作方法仅仅停留在法官个人层面，没有加以提炼、挖掘其中蕴含的具有普适指导意义的要素并加以推广，实际带动效果不佳。事实上，一线法官特别是基层模范法官经过实践的积累、检验，探索出的一些工作方法非常管用，尽管这些方法可能是非常碎片化的。倘若能将这些方法加以分门别类集成，并辅以适当的理论提升，对广大法官无疑具有很好的指导示范作用，这也是当前基层司法经验传承的重要课题。

五、回归本真：让法官更像法官

模范法官的评选要在立足于模范人物的共性要素基础上，更多地彰显司法、法官的职业属性，强化法官的人文关怀，使模范更具有可学性，提升模范法官的影响力，通过价值观的引领和形象塑造，使法官更像法官。

（一）正确处理好调解和判决的关系

法官应根据案件性质、具体案情，合理选择适用调解或判决方式结案。对于当事人有调解意愿的或者家事纠纷等适合调解的，采用调解方式有利于化解当事人之间的矛盾，修复社会关系。对于当事人对抗情绪严重，不同意调解的，不能强行调解，甚至久调不结。调解确实有利于纠纷的解决，有利于实现案结事了，可以避免引发当事人信访闹访，但是其结果是一方或者双方都作出让步，必有一方对自身权益作出了妥协，因此从个案意义上说，调解值得鼓励。但是，如果绝大多数案件都选择此种方式结案，则法院的居中裁判职能被削弱，被易化为调解组织，法官也和行政调解、行业调解甚至村族长老调解的角色混同。从更长远来看，长期依赖调解，当事人对权利义务责任相统一的意识将被淡化，裁判树立规则、作出法律评价、引领公众合理预期的应有作用不能有效发挥，将不利于司法裁判权威的树立，最终将影响司法公信力的提升。因此，应正确对待调解，正确处理好调解和裁判的关系，关注纠纷解决的同时，也不应忽视规则之治的形成，提升司法权威。

（二）强化公正司法，弱化司法为民

公正是司法的核心所在，司法为民是司法的本质属性。司法为民是群众工作理念在司法领域的体现，主要强调司法便民、利民。公正司法是指案件审判要实现程序公正和实体公正，是对法官的工作专业性要求。实践中，经常出现案件实体和程序从法律意义上看是公正的，但是当事人却认为裁判不公。这反映出群众的朴素正义观与法治意义上的公平正

义观存在一定的差距，与我国几千年的礼治传统有很大关系。法治的养成需要时间，只有通过一件件具体的案件，将司法的公平正义观源源不断地输送给群众，群众才能逐步理解、接受、认同这一理念。当然，司法裁判也应合理吸收民间智慧，以增强裁判的社会接受度。长期以来，我国司法的救助性特征明显，强调司法的天平向弱势群体倾斜，但这对另一方当事人而言也是一种事实上的不公平。因此，应强化法官公正司法的具体做法，对法官如何查明案件事实、适用法律等进行细致入微的刻画，弘扬法官的职业“工匠精神”，彰显法官区别于其他行业的职业特性。坚持公正司法，把每一件案件办得公正，就是在践行司法为民。应适当减少司法为民的比重，增加公正司法的比重，以此强化司法居中裁判的职能，避免群众将法院视为一般性群众工作机构。

（三）树立正确的工作业绩观

法官也是普通人的一员，也有生病的时候，并不真的是铁人，也需要休息，也有家庭、兴趣爱好。我们倡导奉献精神，更应鼓励法官在确保身心健康的前提下成就非凡的审判业绩。反之，如果法官把所有精力都放在工作上，没有任何兴趣爱好、对亲人特别是对父母配偶子女有太多亏欠、置身心健康甚至生命于不顾，正如现阶段“只有躺在床上或者挂在墙上”才能被评为模范，这样的模范未免太过悲壮，也不太正常，不具有现实的可学习性。因此，树立正确的工作业绩观，更加注重法官的人文关怀，采取切实有效的措施关心法官身心健康，多培养有着丰富情感和兴趣爱好，能正确处理好工作、家庭和生活关系的模范法官，才能在法院系统内和社会上产生良好的效果。这样的模范影响示范带动效果更佳，更能引起法官群体的共鸣。

（四）加大模范法官办案方法、工作经验总结推广力度

培养、树立模范法官，一方面在于肯定其本人所做的贡献，另一方面也在于激励其他法官向模范学习。要充分分析模范法官工作方法的场景，研究其工作方法发挥作用的条件，如陈燕萍法官“用群众认同的态度倾听诉求、用群众接受的语言诠释法理”工作法的前提是法官直接面

对当事人本人，而非代理人，因此，其工作法只有在当事人本人出庭的情况下效果才好。我们既需要“法官妈妈”这样的传统亲民法官形象，也需要塑造像霍姆斯、卡多佐和波斯纳这样的智慧并有远见卓识的现代法官形象。[1]“理智的法律实用主义者告诉法官要考虑一个决定的包括制度在内的系统后果，以及对手头案件的后果”[2]，因此，要将模范法官具有“地方性”特点的个性化办案经验、工作方法加以梳理、总结，明确其工作方法的适用条件，通过交流研讨、媒体报道等方式加以传播推广，扩大模范法官的实际影响力，使向模范学习真正落地生根，开花结果。

六、结语

全国模范法官作为全国法院法官群体学习的标杆，其形象塑造反映了司法决策层对法官职业群体的角色定位。当前模范法官形象呈现出的道德模范和亲民形象——这一不太完整的职业形象，与法官形象塑造者的公共塑造者和渠道有关。[3]法官形象需要新闻媒介传播，新闻媒介对于专业精密的法律问题和司法运作很难用普通民众熟悉的生动语言加以表达，或者即使表达了，民众也不一定能一时理解，以致呈现出一个不很完整的中国法官形象。面向未来，应在已有“法官妈妈”等亲民形象基础上，塑造反映不同层级、突出法官职业特性的多样化现代法官形象，以体现现代法官形象的包容性，增加现代法官形象的冲击力，更好地引领社会公众对现代司法的认知和理解。[4]

---

〔1〕 苏力：“中国法官的形象塑造——关于‘陈燕萍工作法’的思考”，载《清华法学》2010年第3期。

〔2〕 [美] 理查德·波斯纳：《法官如何思考》，苏力译，北京大学出版社2009年版，第217—218页。

〔3〕 苏力：“中国法官的形象塑造——关于‘陈燕萍工作法’的思考”，载《清华法学》2010年第3期。

〔4〕 胡道才：“当代中国法官形象塑造的四点建议”，载《人民法院报》2012年8月22日第5版。

附：《中山大学法律评论》注释体例

一、一般规定

1. 全文采用脚注，注释序号以阿拉伯数字上标。

2. 引用文献的必备要素及一般格式为“［国籍］责任者与责任方式：《文献标题》（版本与卷册），出版者以及出版时间，起止页码。”

3. 所引文献若为撰著，不必说明责任方式，否则应注明“编”“主编”“编著”“整理”“编译”“译”“校注”“校订”等责任方式。

4. 非引用原文者，注释前应以“参见”引领；非引自原始资料者，应先注明原始作品相关信息，再以“转引自”引领注明转引文献详细信息。

5. 引证信札、访谈、演讲、电影、电视、广播、录音、馆藏资料、未刊稿等文献资料，应尽可能明确详尽，注明其形成、存在或出品的时间、地点、机构等能显示其独立存在的特征。

二、注释范例

1. 著　作

徐忠明：《情感、循吏与明清时期司法实践》，上海三联书店2009年版，第56页。

2. 论　文

左卫民：“地方法院庭审实质化改革实证研究”，载《中国社会科学》2018年第6期。

3. 集 刊

季卫东："审判的推理与裁量权"，载《中山大学法律评论》2010 年第 1 期。

4. 文 集

陈光中："中国刑事诉讼法的特点"，载《陈光中法学文集》，中国法制出版社 2000 年版，第 123 页。

5. 教 材

王利民主编：《民法学》（第 7 版），中国人民大学出版社 2018 年版，第 96 页。

6. 译 作

[美] 迈克尔 · D. 贝勒斯：《法律的原则——一个规范的分析》，张文显等译，中国大百科全书出版社 1996 年版，第 13 页。

7. 报 纸

徐显明："增强法治文明"，载《人民日报》2017 年 12 月 27 日第 7 版。

8. 古 籍

（清）沈家本：《沈寄簃先生遗书》（甲编），第 43 卷，第 123 页。

9. 学位论文

石静霞："跨国破产的法律问题研究"，武汉大学 1998 年博士学位论文。

10. 网络文献

周强："最高人民法院院长周强作最高法工作报告"，载 https://www.chinacourt.org/article/detail/2018/03/id/3225365.shtml，访问日期：2018 年 12 月 9 日。

11. 外文文献

（1）D. James Greiner, Cassandra Wolos Pattanayak and Jonathan Hennessy, "The Limits of Unbundled Legal Assistance: A Randomized Study in a Massachusetts District Court and Prospects for the Future", 126 *Harvard Law Review* 901 (2013).

（2）Larissa van den Herik and Nico Schrijver (eds.), *Counter-Terrorism Strategies in a Fragmented International Legal Order: Meeting the Challenges*, Cambridge: Cambridge University Press, 2013, pp. 123-125.